洋食教本

坂田阿希子

東京書籍

contents

1	おいしさの基本	ベシャメルソース	4
2	おいしさの基本	トマトソース	5
3	おいしさの基本	チキンブイヨン	6
4	おいしさの基本	ビーフブイヨン	6
5	おいしさの基本	ブラウンルウ	7
6	おいしさの基本	あめ色玉ねぎ	7
7	おいしさの基本	デミグラスソース缶をバージョンアップ	8
8	おいしさの基本	マヨネーズとタルタルソース	9
9	おいしさの基本	揚げものの基本	10
10	おいしさの基本	洋食のご飯	11

11	ハンバーグ	12
12	煮込みハンバーグ	14
13	スコッチエッグ	16
14	メンチカツ	18
15	ポテトコロッケ	20
16	ミートクロケット	22
17	ロールキャベツ	24
18	ローストビーフ	26
19	ヒレステーキ	28
20	サーロインステーキ	29
21	ビーフカツレツ	30
22	ビーフシチュー	32
23	タンシチュー	34
24	ボルシチ	36
25	ポークベーコン巻き	38
26	ポークジンジャー	40
27	スペアリブのロースト	41
28	ポークカツレツ	42
29	ポークのトマト煮	44
30	チキンソテー	46
31	チキンカツレツ	48
32	フライドチキン	49
33	チキンのクリーム煮	50
34	チキンのマデイラ煮込み	52
35	サーモンムニエル	54
36	白身魚のピカタ	55
37	かにクリームコロッケ	56
38	えびフライ	58
39	かきフライ	60
40	シーフードミックスフライ	61
41	シーフードクリームシチュー	62

＊計量単位は、1カップ＝200ml、大さじ1＝15ml、小さじ1＝5ml、1合＝180mlです。
＊ガスコンロの火加減は、特にことわりのない場合は中火です。
＊オーブンの温度、オーブンやオーブントースターの焼き時間は目安です。機種によって違いがあるので加減してください。

42	帆立て貝のコキール　64		72	オニオングラタンスープ　86
43	はまぐりのブルゴーニュ風　65		73	コーンポタージュ　88
44	えびのカクテル　66		74	ポタージュボンファム　90
45	スモークサーモンのマリネ　66		75	懐かしいポタージュ　91
46	いわしのマリネ　67		76	ビシソワーズ　92
47	シーフードマリネ　68		77	簡単コンソメスープ　93
48	きのこのマリネ　69			
49	ミックスピクルス　69		78	特製ハヤシライス　94
			79	オムライス　96
50	ポテトグラタン　70		80	チキンライス　98
51	ポテトガレット　71		81	インディアンピラフ　99
52	マッシュポテト　72		82	かにピラフ　100
53	ベイクドポテト　72		83	ビーフストロガノフ　101
54	ポテトフライ　73		84	えびドリア　102
55	オニオンリングフライ　73		85	ドライカレー　103
56	野菜のベニエ　74		86	ビーフカレー　104
57	にんじんのグラッセ　75		87	ポークカレー　106
58	さやいんげんのバターソテー　75			
			88	スパゲッティ　ミートソース　108
59	コンビネーションサラダ　76		89	ミートボールスパゲッティ　110
60	かにサラダ　77		90	スパゲッティ　ナポリタン　112
61	卵サラダ　78		91	スパゲッティ　カルボナーラ　113
62	マカロニサラダ　78		92	あさりのスパゲッティ　114
63	ポテトサラダ　79		93	きのこの和風スパゲッティ　115
64	トマトサラダ　80		94	マカロニグラタン　116
65	ホワイトアスパラサラダ　80		95	トマトソースのマカロニグラタン　117
66	セロリのレモンサラダ　81			
67	コールスローサラダ　81		96	ハンバーグサンド　118
			97	ビーフカツサンド　120
68	プレーンオムレツ　82		98	ローストビーフサンド　121
69	ハムエッグ　83		99	ミックスサンド　122
70	リッチなスクランブルエッグ　84		100	ふんわり卵サンド　123
71	スタッフドエッグ　85			

食べたい素材で探す index　124

menu 1 おいしさの基本

ベシャメルソース

ベシャメルソースはフランス語、英語ではホワイトソース。
クリームシチュー、クリームコロッケ、グラタン、ドリア……、洋食に欠かせないソース。
バター、小麦粉、牛乳で作る手作りのベシャメルソースはやさしい味わいです。

材料／約3カップ分

バター（食塩不使用）　80g
小麦粉　80g
牛乳　4カップ
塩　小さじ1
こしょう　少々
ローリエ　1枚
ナツメグ　少々

1 鍋にバターを溶かし、小麦粉を加えてよく炒める。木ベラを使うとよい。

2 薄く色づいてきたら牛乳を少しずつ加えてのばしていく。

3 加えては混ぜ、加えては混ぜ、を繰り返し、なめらかなソース状にする。

4 混ぜながらなめらかになるまでよく練る。

5 すべての牛乳を加えたら、木ベラですくって落としたとき、少しもったりとするくらいに火を通す。

6 塩、こしょうで味を調え、ローリエとナツメグを加えて混ぜながら火を弱めて2〜3分煮る。

menu 2 おいしさの基本

トマトソース

スコッチエッグやミートクロケット、かにクリームコロッケなど
懐かしの洋食においしさと彩りを添えるのがトマトソース。
イタリア料理のトマトソースとは違い、トマトペーストやブールマニエなどを使って、
なめらかでコクのある味に仕上げるのが特徴です。

材料／約3カップ分

にんにく　小2かけ	トマトペースト　110g
玉ねぎ　1個	砂糖　小さじ2
にんじん　½本	塩　小さじ2
ベーコン（かたまり）　50g	こしょう　少々
バター（食塩不使用）　30g	ローリエ　1枚
チキンブイヨン　5カップ	仕上げ用バター（食塩不使用）　30g
ブールマニエ＊	レモン汁　小さじ1
バター（食塩不使用）　40g	
小麦粉　40g	

＊ブールマニエ……バターを室温でやわらかくし、小麦粉を加えてなめらかになるまで混ぜる。

1

にんにくはつぶす。玉ねぎ、にんじん、ベーコンは1cm角に切る。鍋にバターを溶かし、にんにくとベーコンを炒め、香りが出たら玉ねぎとにんじんを加え、さらによく炒める。

2

チキンブイヨンを加えて煮立て、アクが出てきたらとり除き、ブールマニエを加えて混ぜる。

3

トマトペースト、砂糖、塩、こしょう、ローリエを加え、ときどき混ぜながら弱火で40分ほど煮る。

4

万能漉し器などで漉し、汁気を軽くきって鍋に戻す。漉し器に残った野菜類は漉さずにとり除く。

5

再び火にかけ、仕上げに小さく切ったバターを少しずつ落として混ぜ、レモン汁を加える。

menu 3 おいしさの基本

チキンブイヨン

シチューや煮込み料理、スープ、炊き込みピラフなど、洋食レシピに頻繁に出てくるのがチキンブイヨン。ここでは、鶏ガラと手羽先、ミルポワ（香味野菜）で作るタイプを紹介。保存は冷蔵庫で2〜3日、それ以降は冷凍に（p.8参照）。

材料／約3ℓ分
鶏ガラ　2羽分
鶏手羽先　150g
ミルポワ＊
　にんじん　½本
　玉ねぎ　½個
　セロリ（上の部分）　¼本
　長ねぎ（上の部分）　½本
　パセリの茎　2本分
クローブ　5〜6粒
塩　適量

＊ミルポワ……香味野菜のこと。ここでは、にんじん、玉ねぎ、セロリ、長ねぎ、パセリの茎をざくざくと切ったものを使う。

1 大きめの鍋に鶏ガラと手羽先を入れ、水をひたひたに加えて火にかけ、沸騰直前まで温める。アクが出てきたらザルにあける。
2 1の鶏ガラ、手羽先を流水で洗い、脂やアクをとり除いてきれいにする。
3 鍋に2を戻し、水4ℓを加えて火にかけ、沸騰したらアクをとって弱火で30分ほど煮、ミルポワとクローブを入れ、さらに2時間ほど煮る。常に水分が7割程度になるように随時熱湯を足す。できあがりは、初めの水分量の7割程度になるまで熱湯を足す。
4 ペーパータオルを敷いた万能漉し器で漉し、塩で薄く味をつける。いろいろな料理に使い回せるよう、味つけは控えめに。

menu 4 おいしさの基本

ビーフブイヨン

ビーフカレー、ビーフストロガノフなど牛肉を使った煮込みや、
ローストビーフに添えるグレービーソース、
コンソメスープ、オニオングラタンスープなど牛肉のうまみで
なお一層の深みを出したい料理には、ビーフブイヨンを使います。

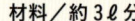

材料／約3ℓ分
牛すじ肉　500g
牛すね肉　500g
ミルポワ＊
　にんじん　1本
　玉ねぎ　1個
　セロリ　¼本
　長ねぎ　¼本
ブーケガルニ＊＊　1束
塩　適量

＊ミルポワ……香味野菜のこと。ここでは、にんじん、玉ねぎ、セロリ、長ねぎを1cm角に切ったものを使う。
＊＊ブーケガルニ……セロリの葉、パセリの軸、ローリエ、タイムなど数種類のハーブを束ねたもの。市販品もある。

1 牛すじ肉は流水で洗ってザルに上げる。
2 大きめの鍋に1の牛すじ肉、牛すね肉を入れ、水をひたひたに加えて火にかけ、沸騰直前まで温める。アクが出てきたらザルにあけ、ぬるま湯で洗い、脂やアクをとり除いてきれいにする。
3 鍋に2を戻し、水4ℓ、ミルポワ、ブーケガルニを加えて火にかけ、アクをとり除きながら弱火で2時間ほど煮る。常に水分が7割程度になるように随時熱湯を足す。できあがりは、初めの水分量の7割程度になるまで熱湯を足す。
4 ペーパータオルを敷いた万能漉し器で漉し、塩で薄く味をつける。いろいろな料理に使い回せるよう、味つけは控えめに。

menu 5 おいしさの基本

ブラウンルウ

ブラウンルウは小麦粉とラードまたはバターを褐色になるまで
炒めたもので、ブイヨンや煮汁などでのばすと
香ばしさと重みを感じる、おいしいソースになります。
タンシチューやハヤシライスなどの煮込み料理などに使います。

材料／作りやすい分量

小麦粉（ふるったもの）　150g
ラードまたはバター（食塩不使用）　80g

1 フライパンに小麦粉を入れ、薄茶色になるまで弱火でじっくりと炒める。

2 薄茶色になってきたらラードを加え、濃い茶色になるまでさらに炒める。

3 全体に褐色になるまで30〜40分炒める。

menu 6 おいしさの基本

あめ色玉ねぎ

洋食では、褐色になるまで炒めた芳しい風味やコク、甘みが
おいしさにつながります。上記のブラウンルウやあめ色玉ねぎが
そのよい例。じっくりと炒めた玉ねぎは驚くほど甘くてうまみがあり、
カレーやオニオングラタンスープなどに欠かせません。

材料／作りやすい分量

玉ねぎ　3個
バター（食塩不使用）　50g

1 玉ねぎは薄切りにする。鍋にバターを溶かして玉ねぎを入れ、強めの中火で炒めはじめる。

2 しんなりとして水分が出てきたら、さらによく炒めていく。

3 焦げついてきたら水少々（分量外）を加えてこそげ、あめ色になるまで30〜40分じっくりと炒める。

menu 7 おいしさの基本

デミグラスソース缶をバージョンアップ

デミグラスソースを一から作るのはかなり大変。
そこでおすすめなのが、市販のデミグラスソース缶を使ったバージョンアップタイプ。
野菜の香りと甘み、バターや赤ワインをプラスして、
まろやかな味に仕上げます。

1 玉ねぎ、にんじん、セロリは1cm角に切る。鍋にバターを溶かして玉ねぎ、にんじん、セロリを入れ、ゆっくりと15〜20分炒める。

2 しっとりとしたら、赤ワインを加えて強火でアルコール分を飛ばし、半量程度になるまで煮詰める。

材料／約1カップ分
- 玉ねぎ　½個
- にんじん　½本
- セロリ　¼本
- バター（食塩不使用）　30g
- トマト　小1個
- 赤ワイン　½カップ
- デミグラスソース缶　1缶
- ビーフコンソメ顆粒　小さじ½

3 トマトを1cm角に切って加え、デミグラスソース缶、ビーフコンソメ顆粒を加えて混ぜ、火を止めて冷ます。

4 3をフードプロセッサーで撹拌してなめらかにし、万能漉し器で漉す。すぐに使ってもいいし、1日ねかすとさらに味が丸くなる。

◎ バターは食塩不使用のものを

トーストにぬる場合はさておき、調理には食塩不使用のバターを使います。洋食は、食材の下味やソースなどに塩を使うことが多いので、塩気はそれで十分。逆にいえば、食塩不使用のバターを使えば、塩気を自由にコントロールできるということです。また、食塩不使用の発酵バターもおすすめ。発酵バターは原料のクリームに乳酸菌を加え、乳酸発酵させて作られますが、バター本来の甘い風味、独特の味や香りがあり、料理に使うとコクのある仕上がりになります。

◎ 基本のソースやブイヨンは冷凍ストック

p.4〜8で紹介したソースやブイヨン、ルウなどは、すべて冷凍保存可能なので、時間のあるときに多めに作っておきます。冷凍用保存袋に小分けにして入れて平らにし、冷凍庫へ。それぞれ3週間ほどもちます。

menu 8 おいしさの基本

マヨネーズとタルタルソース

サラダやサンドイッチに使い回せるマヨネーズ、
フライのソースに必須のタルタルソース。
どちらも自家製がおいしい！ マヨネーズは保存瓶に入れれば
冷蔵庫で2週間ほどもつので、多めに作っておきます。

マヨネーズ

材料／作りやすい分量
- 卵黄　2個分
- 酢　大さじ3
- 砂糖　大さじ2
- 塩　大さじ1
- こしょう　少々
- サラダ油　200ml
- グレープシードオイル　500ml

マヨネーズを使って

タルタルソース

材料／作りやすい分量
- ゆで卵　2個
- きゅうりのピクルス　1本
- マヨネーズ　大さじ6
- ウスターソース　小さじ1/2
- 塩、こしょう　各少々

1
ボウルに卵黄を入れて泡立て器で混ぜ、酢、砂糖、塩、こしょうを加えて混ぜ合わせる。

2
サラダ油を少しずつ加えながら、泡立て器で混ぜて乳化させていく。

1
ゆで卵は白身と黄身に分け、それぞれみじん切りにする。ピクルスもみじん切りにする。ボウルに入れる。

3
グレープシードオイルを少しずつ加えながら、泡立て器で混ぜて乳化させていく。

4
とろりとするまで混ぜる。ハンドミキサーやミキサーを使ってもよい。

2
1にマヨネーズを加えて混ぜ、ウスターソースを加えて香りをプラスし、塩、こしょうで味を調える。

menu 9 おいしさの基本

揚げものの基本

コロッケ、メンチカツ、シーフードミックスフライ……など、
洋食の揚げものといえば、パン粉をつけて揚げるフライが代表格。
おいしさにこだわるなら、パン粉の種類、揚げ油の種類、
揚げ油の温度に気を使いたいもの。仕上がりの味わいが違ってきます。

パン粉

レシピには「パン粉」とだけ記されているものが多いですが、パン粉といってもいろいろ。どんなパン粉を使うかで、口当たり、食べ心地、ソースとの相性などが違います。

生パン粉

粒の大きなパン粉で、ボリューム感を出したいとき、サクサクの食感をより楽しみたいときに使う。ドライパン粉より水分が多く、素材にゆっくりと火が入るので、ジューシーなフライを食べたいときにも向いている。

ドライパン粉

通常パン粉といわれているのが、このドライパン粉。生パン粉より水分が少なく、サクッとカリッの両方の食感が楽しめる。どんなフライにも合う。賞味期限が長く、保存が容易なので使いやすい。

目の細かいパン粉

素材の火の通りが早く、油ぎれがよいのが特徴。かにクリームコロッケなどやわらかい食感のものを揚げるとき、やさしい味のソースと組み合わせたいとき、レストラン風に仕上げたいときなどに。

ドライパン粉をフードプロセッサーで撹拌して細かくする。またはビニール袋に入れて上からめん棒を転がして細かくしたり、万能漉し器で漉してもよい。

揚げ油

洋食で使う揚げ油はサラダ油とラードが基本。この本では、サラダ油だけで揚げる場合、サラダ油とラードを混ぜて使う場合の2通り。食べたときのボリューム感が違います。

サラダ油

さらっとしたタイプの菜種油、紅花油など。クセがなく、比較的軽い食べ心地なので、どんな揚げものにも合う。

ラード

ラードは豚の背脂のこと。最大の特徴は、その風味、コク、食べたときのボリューム感。サラダ油と混ぜて使う。

サラダ油だけで揚げる

ベニエ、から揚げ、素揚げなど、フライ以外の揚げものにも。

サラダ油＋ラード
（サラダ油 500mlに対しラード 250g）

ビーツカツレツ、ポークカツレツ、チキンカツレツなど肉のフライに向いている。

揚げ油の温度

揚げものの温度は一般に高温、中温、低温で分けられますが、この本では、中温で揚げるもの、低温から揚げるものの2通り。何をどう揚げたいかで使い分けをします。

中温

170～180℃。菜箸を入れてみて、箸全体から細かい泡が上がってくる状態。少量のパン粉を落とすと、全体にゆっくりと広がる程度。ほとんどの揚げものがこちら。

低温

150～160℃。菜箸を入れてみて、箸先から細かい泡が静かに上がってくる状態。少量のパン粉を落とすと、全体に広がる程度。フライドチキンなど、徐々に温度を上げていき、食材の水分を蒸発させながらゆっくりと揚げたいときに。

揚げている途中で……

揚げている途中にはがれてしまった衣は、小まめにとり除く。そのままにしておくと新たに入れたフライ衣にくっついて、ムラのある仕上がりになってしまう。

menu 10 おいしさの基本

洋食のご飯

洋食には白いご飯が定番ですが、バターの風味が鼻をくすぐる
懐かしいテイストのご飯も、やはり洋食ならではの楽しみ。
ここではシチューやカレーなどの煮込み、肉料理のつけ合わせ、
ドリアにも使えるご飯を紹介。まとめて作って冷凍しておいても。

パセリバターライス

材料／作りやすい分量
ご飯（炊きたて）　2合分
パセリのみじん切り　大さじ2
バター（食塩不使用）　20g
塩　少々

作り方
1　バターは小さく切る。
2　炊きたてのご飯にパセリと1のバターを加えて混ぜ、塩で薄く味をつける。

たとえば……

p.50
チキンのクリーム煮

サフランライス

材料／作りやすい分量
米　2合
塩　少々
サフラン　ひとつまみ
バター（食塩不使用）　15g

作り方
1　鍋に洗った米、米と同量の水、塩、サフランを入れ、バターを小さく切って散らす。
2　1を火にかけてふたをし、煮立ったら弱火にし、15分ほど炊く。
3　炊き上がったら蒸らし、全体をざっくりと混ぜる。炊飯器で炊いてもよい。

たとえば……

p.104
ビーフカレー

にんじんライス

材料／作りやすい分量
ご飯　茶碗3杯分
にんじんのすりおろし　1本分
バター（食塩不使用）　20g
塩、こしょう　各少々

作り方
1　フライパンにバターを溶かしてにんじんのすりおろしを炒め、ご飯を加えて炒め合わせる。
2　塩、こしょうで味を調える。

たとえば……

p.101
ビーフストロガノフ

menu 11

ハンバーグ

フライパンで焼き色をつけたら、
そのままオーブンに入れて仕上げる本格派。
オーブンを使うと、ふっくらジューシーに焼き上がります。
特製デミグラスソースをかけて、洋食屋さんさながらの味わいに！

材料／2人分
牛ひき肉　200g
豚ひき肉　100g
玉ねぎ　小1/2個
卵　1/2個
生パン粉　1/2カップ
牛乳　大さじ2
ナツメグ　少々
塩　小さじ1/2
こしょう　少々
サラダ油　適量
デミグラスソース（p.8参照）　適量
つけ合わせ
　にんじんのグラッセ（p.75参照）
　　適量
　さやいんげんのバターソテー
　　（p.75参照）　適量

1　玉ねぎはみじん切りにし、サラダ油小さじ1を熱したフライパンで炒め、しんなりとして薄く色づいたらバットに広げ、粗熱をしっかりととる。
2　ボウルに牛ひき肉、豚ひき肉、1、卵、パン粉、牛乳、ナツメグ、塩、こしょうを入れてよく練り混ぜ、2等分にする。手にサラダ油少々（分量外）をつけ、空気を抜くようにして小判形に整える。
3　フライパン（オーブンに入れられるもの）にサラダ油大さじ2を熱し、2を並べ入れ、真ん中を少し凹ませる。しっかりと焼き色がついたらひっくり返す。
4　フライパンごと天板にのせ、200℃のオーブンで7〜8分焼く。ふっくらとして、竹串を刺してみて透明な肉汁が出てくれば焼きあがり。
5　デミグラスソースは鍋に入れて火にかけ、温める。
6　器に4のハンバーグを盛り、デミグラスソースをかけ、にんじんのグラッセ、さやいんげんのバターソテーをつけ合わせる。

Ground meat

ひき肉は、牛ひき肉と豚ひき肉を用意し、2対1の割合で混ぜて使う。

真ん中を凹ませて焼く。これで中までちゃんと火が通る。

オーブンで焼き上げるとふっくら。オーブンを使わない場合は、ふたをして弱火で7〜8分蒸し焼きに。

煮込みハンバーグ

ハンバーグを焼くときは、あとで煮込むので中心までしっかりと火が通っていなくても大丈夫。玉ねぎと赤ワイン、トマトジュースをベースに作る煮込みソースが、おいしさの要です。

材料／2人分

牛ひき肉　200g
豚ひき肉　100g
玉ねぎ　小1/2個
卵　1/2個
生パン粉　1/2カップ
牛乳　大さじ2
ナツメグ　少々
塩　小さじ1/2
こしょう　少々
サラダ油　適量

煮込みソース
　バター（食塩不使用）　10g
　玉ねぎの薄切り　1/2個分
　赤ワイン　1/2カップ
　トマトジュース　1/2カップ
　チキンブイヨン（p.6参照）
　　1/4カップ
　トマトケチャップ　大さじ2
　ウスターソース　小さじ1/2
　塩　小さじ1/2
バター（食塩不使用）　20g

つけ合わせ
　マッシュポテト（p.72参照）　適量
　クレソン　適量

1 玉ねぎはみじん切りにし、サラダ油小さじ1を熱したフライパンで炒め、しんなりとして薄く色づいたらバットに広げ、粗熱をしっかりととる。

2 ボウルに牛ひき肉、豚ひき肉、**1**、卵、パン粉、牛乳、ナツメグ、塩、こしょうを入れてよく練り混ぜ、2等分にする。手にサラダ油少々（分量外）をつけ、空気を抜くようにして小判形に整える。

3 フライパンにサラダ油大さじ2を熱し、**2**を並べ入れ、真ん中を少し凹ませる。しっかりと焼き色がついたらひっくり返し、裏面にも焼き色がついたらバットなどにとり出す。

4 煮込みソースを作る。鍋にバターを溶かして玉ねぎを炒め、しんなりとしたら赤ワインを加えて半量程度になるまで煮詰める。トマトジュース、チキンブイヨン、トマトケチャップ、ウスターソースを加えてさらに10分ほど煮詰める。塩で味を調える。

5 **4**に**3**のハンバーグを加えて弱火で10分ほど煮、バターを加えて軽く混ぜる。

6 器に**5**のハンバーグを盛ってソースをかけ、マッシュポテト、クレソンをつけ合わせる。

Ground meat

玉ねぎをよく炒めて甘みを出し、赤ワインを加えて煮詰めていく。

トマトジュース、チキンブイヨン、トマトケチャップ、ウスターソース、塩を加えてさらに煮詰めて煮込みソースを作る。

煮込みソースができたらハンバーグを加えて10分ほど煮、ハンバーグにソースをなじませる。

menu 13

スコッチエッグ

ハンバーグの生地と同じひき肉ダネでゆで卵を包み、
表面をカリッと揚げた、懐かしのレシピ。
半分に切って盛りつけるとなんとも愛らしく、食指も動きます。
トマトソースを敷いてレストランスタイルに。

材料／2人分

ひき肉ダネ
　牛ひき肉　200g
　豚ひき肉　100g
　玉ねぎ　小½個
　サラダ油　小さじ1
　卵　½個
　生パン粉　½カップ
　牛乳　大さじ2
　塩　小さじ½
　こしょう　少々
　ナツメグ　少々
ゆで卵　2個
小麦粉　適量
衣
　小麦粉、溶き卵、
　　　パン粉（目が細かいもの）　各適量
揚げ油　適量
トマトソース（p.5参照）　適量
つけ合わせ
　クレソン　適量

1 ひき肉ダネを作る。玉ねぎはみじん切りにし、サラダ油を熱したフライパンで炒め、しんなりとして薄く色づいたらバットに広げ、粗熱をしっかりととる。

2 ボウルに牛ひき肉、豚ひき肉、**1**、卵、パン粉、牛乳、塩、こしょう、ナツメグを入れてよく練り混ぜ、2等分にする。

3 ゆで卵に薄く小麦粉をまぶし、**2**のひき肉ダネで1個ずつしっかりと包み、形を整える。

4 **3**に小麦粉をまんべんなくまぶしてから余分な粉を落とし、溶き卵、パン粉の順に衣をつける。

5 揚げ油を170℃に熱し、**4**を入れ、ときどき返しながらきつね色になるまで揚げる。

6 器にトマトソースを敷き、**5**を縦半分に切って盛り、クレソンをつけ合わせる。

Ground meat

パン粉は、万能漉し器で漉すかフードプロセッサーなどで細かくする。細かくすると口当たりがやさしくなる。

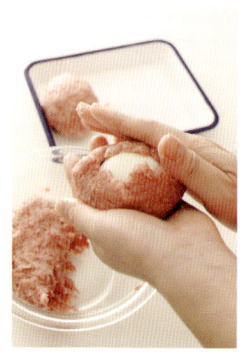

ゆで卵をひき肉ダネで包む。ゆで卵にあらかじめ小麦粉をまぶしておくと、くっつきやすい。

衣をつけたら揚げ油に入れ、トングなどでときどき返しながらきつね色に揚げる。

メンチカツ

玉ねぎとマッシュルームをひき肉ダネに入れた
ジューシーでライトなメンチカツ。
中温からじっくりと揚げていき、
中までしっかりと火を通します。

材料／2人分
合いびき肉　300g
玉ねぎ　½個
マッシュルーム　3個
サラダ油　少々
溶き卵　½個分
塩　小さじ½
こしょう　少々
ナツメグ　少々
衣
　小麦粉　適量
　卵液
　　卵　1個
　　水　大さじ1
　　小麦粉　大さじ2
　生パン粉　適量
揚げ油　適量
デミグラスソース（p.8参照）　適量
つけ合わせ
　レタス、レタスのせん切り
　　各適量
　フレンチドレッシング（p.76参照）
　　適量
　マカロニサラダ（p.78参照）　適量
　トマト（湯むきしてくし形切り）、
　　パセリ　各適量

1　玉ねぎはみじん切りにし、マッシュルームは石づきをとってみじん切りにする。サラダ油を熱したフライパンでしっとりとするまでよく炒め、バットに広げて粗熱をとる。
2　ボウルにひき肉を入れ、溶き卵、塩、こしょう、ナツメグ、**1**を加えてよく練り混ぜ、4等分にする。手にサラダ油少々（分量外）をつけ、空気を抜くようにして丸形に整える。
3　衣の卵、水、小麦粉を混ぜ合わせ、どろっとした卵液を作る。**2**に小麦粉、卵液、パン粉の順に衣をつける。
4　揚げ油を170℃に熱し、**3**を入れ、徐々に温度を上げながらゆっくりと揚げていく。最後に強火にし、カラリと揚げる。
5　器に盛り、デミグラスソースをかける。レタス、レタスのせん切りを添えてフレンチドレッシングをかけ、マカロニサラダ、トマト、パセリをつけ合わせる。

Ground meat

玉ねぎとマッシュルームはみじん切りにして炒め、バットに広げて粗熱をとる。

ひき肉ダネの材料は手でしっかりと練り混ぜ、玉ねぎとマッシュルームをひき肉になじませる。

パン粉はたっぷりとつけ、少し押さえるようにするとよい。揚げてもはがれにくくなる。

ポテトコロッケ

じゃがいもは皮ごとゆで、熱いうちに皮をむいてつぶすと
じゃがいものホクホク感が味わえます。
ここではバターと生クリームを加えて
リッチテイストに仕上げます。

材料／4人分
合いびき肉　150g
玉ねぎ　½個
サラダ油　大さじ1
じゃがいも（男爵）　4個
塩、こしょう　各適量
バター（食塩不使用）　10g
生クリーム　大さじ3
衣
　小麦粉、溶き卵、パン粉
　　各適量
揚げ油　適量
ソース
　ウスターソース　大さじ3
　トマトケチャップ　大さじ3
　フレンチマスタード　小さじ1
つけ合わせ
　サニーレタス　適量

1 玉ねぎはみじん切りにし、サラダ油を熱したフライパンでしんなりするまで炒め、ひき肉を加えてさらに炒め、塩小さじ½、こしょう少々をふる。バットに広げ、粗熱をとる。

2 じゃがいもは皮ごと水からゆで、竹串がスーッと通るようになったらザルに上げ、熱いうちに皮をむいてボウルに入れ、マッシャーなどでつぶす。バターと生クリーム、塩、こしょう各少々を加えて混ぜる。

3 **2**に**1**を加えて混ぜ合わせ、8等分にしてラグビーボール形に整え、小麦粉、溶き卵、パン粉の順に衣をつける。

4 揚げ油を170℃に熱し、**3**を入れ、きつね色にカラリと揚げる。

5 器に盛り、ソースの材料を混ぜ合わせてかけ、サニーレタスを食べやすくちぎってつけ合わせる。

玉ねぎと合いびき肉を炒めたら、バットに広げて粗熱をとる。

マッシュしたじゃがいもにバターと生クリームを加え、風味のあるリッチテイストに。

小麦粉、溶き卵、パン粉の順にしっかりと衣をつける。形は好みでよい。

ミートクロケット

表面はサクッ、中はなめらかクリーミー。
おいしさの秘密は、口当たりのよい、手作りのベシャメルソース。
トマトソースでいただくと、おいしさ格別！

材料／4人分
牛ひき肉　150g
ハム　60g
玉ねぎ　小1個
サラダ油　大さじ2
塩　小さじ1
こしょう　少々
ナツメグ　少々
じゃがいも　1個
かためのベシャメルソース
　バター（食塩不使用）　60g
　小麦粉　80g
　牛乳　3カップ
　塩　小さじ2/3
　こしょう　少々
衣
　小麦粉、溶き卵、
　　パン粉（目が細かいもの）各適量
揚げ油　適量
パセリ　適量
トマトソース（p.5参照）　適量

1 かためのベシャメルソースを作る。鍋にバターを溶かし、小麦粉を加えてよく炒める。牛乳を少しずつ加えてのばしていく。混ぜながらなめらかに練り、塩、こしょうで味を調える。

2 ハムと玉ねぎはみじん切りにする。

3 フライパンにサラダ油を熱して玉ねぎを炒め、しっとりとしたらひき肉を加えて色が変わるまで炒め、ハムを加えてさらに炒める。塩、こしょう、ナツメグを加えて混ぜる。

4 じゃがいもは皮ごと水からゆで、竹串がスーッと通るようになったらザルに上げ、熱いうちに皮をむいてボウルに入れ、マッシャーなどでつぶす。

5 4のボウルに3を入れ、ベシャメルソースを加えて混ぜ合わせ、バットに広げて粗熱をとる。冷蔵庫に入れて冷やしかためる。

6 5を8等分にして俵形に整え、小麦粉、溶き卵、パン粉の順に衣をつける。

7 揚げ油を180℃に熱し、6を入れ、きつね色に揚げる。続いてパセリを入れて素揚げし、好みで塩（分量外）を軽くふる。

8 器にトマトソースを敷き、7のミートクロケットを盛り、パセリを飾る。

Ground meat

玉ねぎを炒めたら牛ひき肉を加えてポロポロになるまで炒める。このあとハムも加えて炒める。

マッシュしたポテト、炒めた玉ねぎ、ひき肉、ハム、ベシャメルソースを合わせる。これがミートクロケットのタネ。

冷蔵庫に入れてかためたタネを8等分にし、俵形に整える。かためておくと成形しやすい。

menu 17

ロールキャベツ

ひき肉は、合いびき肉と鶏ももひき肉のダブル使い。
さらにひき肉ダネにトマトペーストで味をつけておくと、
うまみたっぷり！
こっくりとしたおいしさを、玉ねぎスープとともに楽しみます。

材料／6人分
キャベツ　1個
ひき肉ダネ
　合いびき肉　300g
　鶏ももひき肉　100g
　玉ねぎ　½個
　にんじん　½本
　マッシュルーム　8個
　バター（食塩不使用）　20g
　トマトペースト　大さじ1
　塩　小さじ½
　こしょう　適量
バター（食塩不使用）　20g
玉ねぎの薄切り　2個分
水　2カップ
チキンブイヨン　3カップ
塩　少々
仕上げ用バター（食塩不使用）　20g
パセリのみじん切り　少々

1　キャベツは1枚ずつていねいにはがす。鍋にたっぷりの湯を沸かし、キャベツを入れてゆで、サルに上げる。かたい芯の部分はそぎとる。

2　ひき肉ダネを作る。玉ねぎ、にんじんはみじん切りにし、マッシュルームは石づきをとってみじん切りにする。バターを溶かしたフライパンに入れて炒め合わせ、バットなどに広げて冷ます。

3　ボウルに合いびき肉、鶏ひき肉、2を入れ、トマトペースト、塩、こしょうを加えて混ぜ合わせる。6等分にしてまとめる。

4　1のキャベツを2枚重ねて広げ、3をのせて包む。同様にして合計6個作る。

5　鍋にバターを溶かして玉ねぎの薄切りを入れ、あめ色になるまで30分ほどじっくりと炒める。分量の水、チキンブイヨンを加え、4を並べ入れ、ふたをして弱火で1時間ほど煮る。塩で味を整える。

6　仕上げ用バターを小さく切って加えて溶かし、器に盛り、パセリをふる。

Ground meat

炒めた玉ねぎ、にんじん、マッシュルームを加え、トマトペーストをプラスするのがポイント。

ひき肉ダネをキャベツ2枚で包む。キャベツのおいしさも十分味わえるのが魅力。

1時間ほど弱火で煮てできあがり。ひき肉とキャベツの甘みが溶け出したスープも美味。

ローストビーフ

おもてなしやクリスマスに人気の、ダイナミックな料理。
焼いたあとアルミホイルに包み、
余熱でゆっくり火を通すのがポイント。天板に残った
焼き焦げを活用したグレービーソースでいただきます。

材料／作りやすい分量
牛ロース肉（かたまり）　2kg
塩　大さじ2
こしょう　適量
玉ねぎ　1個
セロリ　1本
にんじん　1本
にんにく　2かけ
サラダ油　大さじ2
グレービーソース
　天板に残った肉汁と野菜　全量
　ビーフブイヨン（p.6参照）
　　¾カップ
　塩　適量
ホースラディッシュのすりおろし
　適量
つけ合わせ
　クレソン　適量

1　牛肉は冷蔵庫から出してバットなどに入れ、塩、こしょうをよくすり込み、3時間ほどおく。
2　玉ねぎ、セロリ、にんじんは2cm角に切り、にんにくは半分に切ってつぶす。すべてをオーブンの天板にのせる。
3　フライパンにサラダ油を熱して1の牛肉を入れ、強火で表面全体にしっかりと焼き色をつける。
4　2の天板に3の牛肉をのせ、180℃のオーブンで20分、さらに160℃で30〜40分焼く。
5　4の牛肉をアルミホイルに包み、15〜20分おく。金串を真ん中まで刺して抜き、唇に当てて少し温かさを感じる程度が仕上がりの目安。アルミホイルをはずす。
6　グレービーソースを作る。4の天板にビーフブイヨンを入れ、天板に残った肉汁や野菜、焼き焦げをざっとこそげて鍋に移す。弱火で20分ほど煮詰め、万能漉し器などで漉し、塩で味を調える。
7　5の牛肉を5〜6mm厚さに切り分けて器に盛り、ホースラディッシュを添え、クレソンをつけ合わせる。グレービーソースをかけていただく。

Beef

天板に野菜を敷き、表面を焼いた牛肉をのせてオーブンへ。

牛肉はオーブンで焼いたあとアルミホイルで包み、余熱でゆっくり火を通していく。

天板に残った肉汁、野菜、焼き焦げをビーフブイヨンでこそげて鍋に移し、ソースのベースにする。

ヒレステーキ

肉のキメが細かいヒレの部分を、グリルパンでシンプルに焼き上げます。
グリルパンがなければ、フライパンでも。

材料／2人分
牛ヒレ肉
　（ステーキ用。1枚120〜130ｇ）　2枚
塩、粗びき黒こしょう　各適量
つけ合わせ
　ベイクドポテト（p.72参照）、
　クレソン　各適量

1　牛肉は焼く1時間ほど前に冷蔵庫から出し、肉の中心まで常温に戻す。焼く直前に塩、こしょうを多めにふる。

2　グリルパンをよく熱してサラダ油少々（分量外）をぬり、盛りつけたときに表になる面を下にして**1**を並べ入れる。焼き目がついたら肉の位置を変えて格子状の焼き目をつけ、ひっくり返し、裏面も同様に焼く。数回ひっくり返しながら好みの焼き加減に仕上げる。

3　火を止めてそのまま5〜6分おき、肉汁を落ち着かせる。

4　器に盛ってこしょうをふり、ベイクドポテト、クレソンをつけ合わせる。

Beef

牛肉は冷蔵庫から出して常温に戻す。冷蔵庫から出してすぐに焼くと、表面はちょうどよく焼けても、中は冷たいままになりがち。

サーロインステーキ

menu 20

サーロインは香り、風味、やわらかさとも、ステーキに最適な部位。
バターじょうゆをからめ、メートルドテルバターをのせていただきます。

材料／2人分
牛サーロイン
　（ステーキ用。1枚150〜180g）　2枚
塩、粗びき黒こしょう　各適量
サラダ油　大さじ1
にんにくの薄切り　1かけ分
バター（食塩不使用）　20g
赤ワイン、水　各¼カップ
しょうゆ　大さじ1

メートルドテルバター（作りやすい分量）
　バター（有塩）　100g
　パセリのみじん切り　大さじ2
　レモンの絞り汁　小さじ1
　塩　小さじ½
レモンの薄切り　2枚

つけ合わせ
　ポテトフライ（p.73参照）、
　　さやいんげん（ゆでて縦半分に
　　切ったもの）　各適量

1　メートルドテルバターを作る。バターは室温に戻してボウルに入れ、パセリのみじん切り、レモンの絞り汁、塩を加えて練り合わせる。ラップに包んで円柱形に整え、両端をきっちりと留め、冷蔵庫に入れてかためる。

2　牛肉は焼く1時間ほど前に冷蔵庫から出し、肉の中心まで常温に戻す。焼く直前に塩、こしょうをふる。

3　フライパンにサラダ油を熱してにんにくを炒め、色づいたらにんにくをとり出す。バター10gを加えて溶かし、盛りつけたときに表になる面を下にして**2**を入れ、強めの中火でしっかりと焼いてひっくり返す。裏面も焼きつけたら火を少し弱め、指で押して少し弾力が残る程度まで焼き、とり出す。

4　**3**のフライパンに赤ワインを加え、強火で焼き焦げをこそげながら煮詰める。分量の水を加えて煮立て、バター10gとしょうゆを加え、**3**の牛肉を戻し入れてさっとからめる。

5　器に盛ってソースをかけ、レモンをおき、メートルドテルバターを輪切りにしてのせる。**3**のにんにく、ポテトフライ、さやいんげんをつけ合わせる。

バター、パセリのみじん切り、レモンの絞り汁、塩を混ぜ合わせてかため、メートルドテルバターを作る。

menu 21

ビーフカツレツ

食感のやわらかいヒレ肉で、ちょっと贅沢なカツレツを作ります。
衣にするパン粉は目の細かいものを用いると、レストラン風。
レモンをキュッと絞り、
デミグラスソースをたっぷりとかけていただきます。

材料／2人分
牛ヒレ肉（1枚150〜180g）　2枚
塩、こしょう　各適量
小麦粉　適量
衣
　小麦粉、溶き卵、
　　パン粉（目が細かいもの）　各適量
揚げ油（サラダ油3カップ弱に対して
　ラード250gの割合）　適量
デミグラスソース（p.8参照）
　適量
カットレモン　適量
つけ合わせ
　クレソン　適量

1　牛肉は揚げる1時間ほど前に冷蔵庫から出し、塩、こしょうをふる。小麦粉をまぶし、再び冷蔵庫に30分ほど入れる。

2　衣のパン粉はフードプロセッサーで撹拌して（またはビニール袋に入れ、上からめん棒を転がして）細かくする。

3　**1**を冷蔵庫から出し、もう一度小麦粉をまぶして余分な粉をはたき落とし、溶き卵、**2**のパン粉の順に衣をつける。

4　揚げ油を170℃に熱して**3**を入れ、ときどき返しながら2分30秒〜3分揚げ、きつね色になったらとり出して1〜2分おいて落ち着かせる。

5　切り分けて器に盛り、デミグラスソースをかけ、レモンを添える。クレソンをつけ合わせる。

Beef

小麦粉をまぶして冷蔵庫に入れておいた牛肉に、新たに小麦粉をつける。これで衣がはがれにくくなる。

目の細かいパン粉をたっぷりとまぶし、手で押さえてしっかりとつける。

ときどき返しながらきつね色に揚げ、とり出す。火の通り加減は好みで。

menu 22

ビーフシチュー

牛肉と野菜のエキスが溶け合った、こっくりとした味わいが魅力。
ていねいに作ったからこそのおいしさです。
作った日はもちろん、次の日に温め直していただくのもおすすめ。

材料／作りやすい分量

- 牛すね肉（かたまり）　1kg
- 塩、こしょう　各適量
- 小麦粉　少々
- にんじん　½本
- 玉ねぎ　½個
- セロリ　½本
- にんにく　2かけ
- サラダ油　大さじ1
- バター（食塩不使用）　30g
- 赤ワイン　2½カップ
- トマトピューレ　1カップ
- トマトケチャップ　大さじ1
- フォンドボー（市販）　2カップ
- 水　1カップ
- ブーケガルニ＊　1束
- マッシュルーム　10個
- 小玉ねぎ　10個

＊ブーケガルニ……パセリの軸、セロリの葉つきの茎、ローリエを束ねたもの。

1　牛肉は5～6cm角に切り、塩小さじ2、こしょう少々をふり、小麦粉をまぶす。にんじん、玉ねぎ、セロリは1cm角に切り、にんにくはつぶす。

2　フライパンにサラダ油を熱して1の牛肉を強火で焼きつけ、とり出す。

3　2のフライパンにバター10gを入れ、肉の焼き焦げをこそげながら1のにんじん、玉ねぎ、セロリ、にんにくを入れて炒める。

4　3を鍋に移し、2の牛肉と赤ワインを加え、強火にして半量くらいになるまで煮詰める。

5　トマトピューレ、トマトケチャップ、フォンドボー、分量の水、ブーケガルニを加え、ふたをして弱火で2時間30分ほど煮込む。アクをこまめにとり除く。

6　鍋から牛肉をとり出し、煮汁をザルで漉し、漉した煮汁と牛肉を鍋に戻す。

7　マッシュルームは石づきをとり、小玉ねぎは皮をむく。フライパンにバター20gを溶かしてマッシュルームと小玉ねぎを炒め、6に加え、小玉ねぎがやわらかくなるまで15分ほど煮る。塩、こしょうで味を調える。

小麦粉をまぶした牛肉を焼きつけ、うまみが流れ出ないようにする。

肉の焼き焦げをこそげながら、にんじん、玉ねぎ、セロリ、にんにくを炒めて香りを出す。

炒めた野菜に焼いた牛肉を加え、赤ワインを入れて半量くらいになるまで煮詰める。

木べらをザルに押しつけながら漉し、野菜のエキスを出す。肉のうまみだけでなく、野菜のうまみもポイント。

menu 23

タンシチュー

牛タンを香味野菜などとともに下煮するのが、おいしさの基本。
手作りのブラウンルウ、じっくりと炒めた野菜、
ていねいな漉す作業など、
ソース作りに手をかけることで、極上の味が生まれます。

材料／作りやすい分量
牛タン（皮をむいたもの。かたまり）
　1kg
牛タン下煮用
　セロリの葉、玉ねぎ、にんじん、
　　クローブ　各適量
ブラウンルウ
　小麦粉（ふるったもの）　150g
　ラードまたはバター（食塩不使用）
　　80g
玉ねぎ　1/2個
にんじん　1/2本
セロリ　1/2本
にんにく　1かけ
バター（食塩不使用）　30g
トマトピューレ　1カップ
トマトケチャップ　1/2カップ
ローリエ　1枚
塩　小さじ2
こしょう　少々
砂糖　大さじ1

1　牛タンは鍋に入れ、セロリの葉、玉ねぎ、にんじんをざく切りにして加える。クローブ、たっぷりの水を入れて2時間ほど煮、火を止めてそのまま冷ます。

2　ブラウンルウを作る。フライパンに小麦粉入れて弱火でじっくりと炒め、薄茶色になってきたらラードを加え、全体に褐色になるまで30～40分炒める。

3　玉ねぎ、にんじん、セロリは1cm角に切る。にんにくはつぶす。

4　鍋にバターを溶かして**3**を入れ、20～30分かけてじっくりと炒める。

5　**4**にトマトピューレ、トマトケチャップ、ローリエ、**1**の煮汁3カップを加え、**2**のブラウンルウをのばしながら加え、弱火で40～50分煮る。ザルで漉して鍋に戻す。

6　**1**の牛タンを1.5cm厚さに切り、**5**の鍋に加えて30分ほど煮、塩、こしょう、砂糖で味を調える。

Beef

牛タンは香味野菜とクローブ、たっぷりの水で2時間ほど煮て冷ます。これで牛タンがやわらかに。

炒めた野菜にトマトピューレやトマトケチャップを加え、牛タンの煮汁でのばす。

おいしいソースができたら、ここに切り分けた牛タンを入れ、最後の仕上げにかかる。

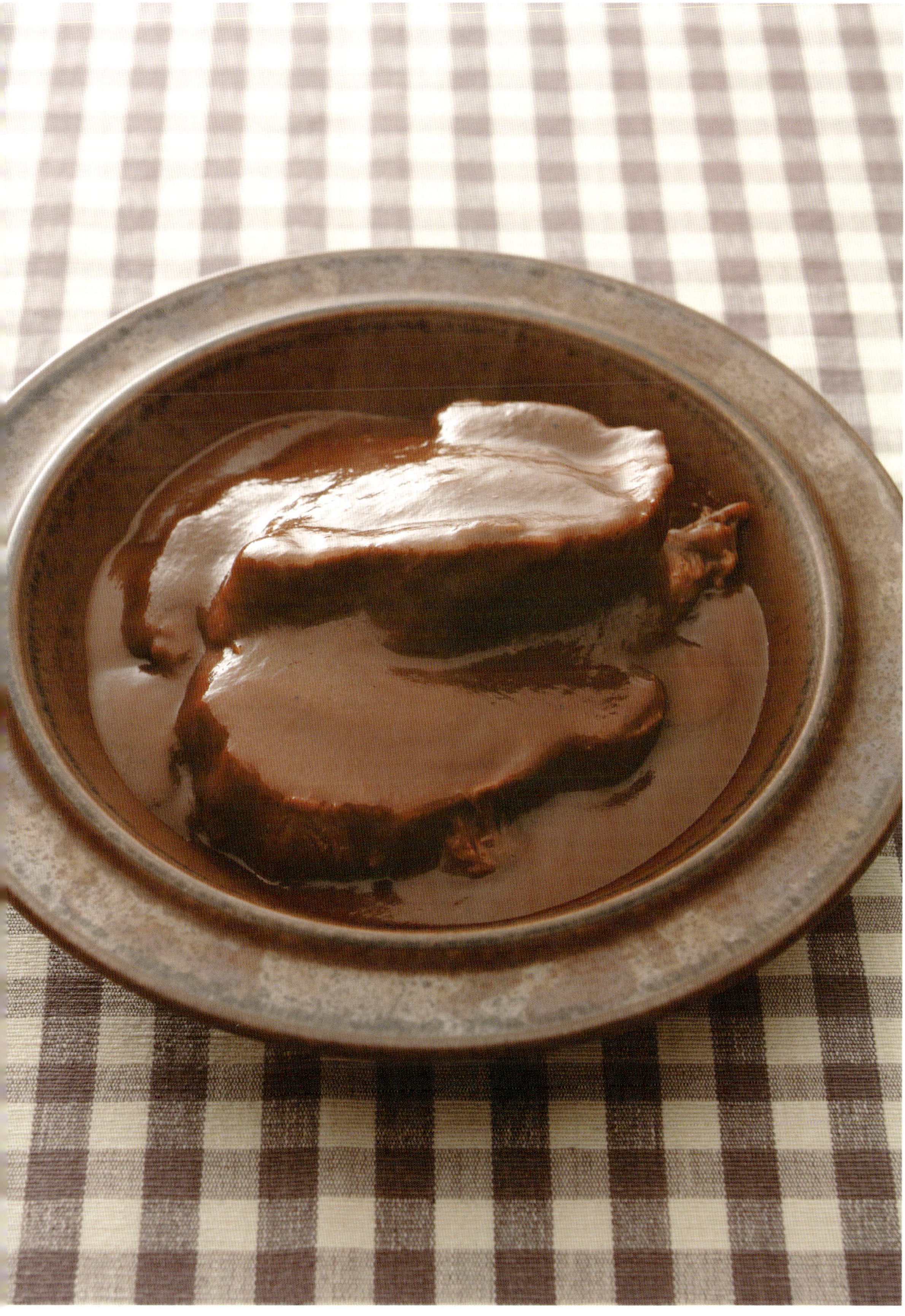

menu 24

ボルシチ

牛肉、玉ねぎ、にんじん、キャベツ、セロリ、トマト、
そしてビーツ。野菜がたっぷり入ったロシアの料理。
サワークリームを混ぜていただくと、
コクがプラスされておいしい！

材料／4〜5人分

牛すね肉（かたまり）　500〜600g
水　8カップ
にんにく　1かけ
玉ねぎ　1個
にんじん　1本
キャベツ　4枚
ビーツ　2個
セロリ　1本
トマト　大1個
バター（食塩不使用）　大さじ3
塩　小さじ2
こしょう　少々
サワークリーム、ディル　各適量

1　牛肉と分量の水を鍋に入れ、強火にかける。沸騰したらアクをとり除きながら弱火で1時間30分〜2時間煮、牛肉がやわらかくなったらとり出す。途中で水が少なくなったら足す。

2　にんにくはみじん切り、玉ねぎは薄切りにする。にんじん、キャベツ、ビーツはせん切りにし、セロリは斜め薄切り、トマトはざく切りにする。

3　鍋にバターを熱してにんにく、玉ねぎ、にんじん、キャベツ、セロリを炒める。全体にしんなりとしたらビーツとトマトを加えて炒め合わせる。ビーツの色が全体になじんだら、ふたをして10分ほど弱火で蒸し煮する。

4　ふたをとって**1**のスープをすべて注ぎ入れ、弱火で静かに沸騰させ続けながら30分ほど煮る。

5　**1**の牛肉をほぐして**4**に加え、さらに10分ほど煮て塩、こしょうで味を調える。

6　器に盛り、サワークリームとディルを添える。

Beef

牛肉は水から煮はじめ、竹串を刺してみてスーッと通るようになるまで煮てとり出す。

ビーツのせん切りを加える。ビーツは近年生のものが入手しやすくなったので、ぜひ生のものを。

じっくり煮てほろほろになった牛肉をほぐし、野菜のスープに加える。さらに煮て仕上げる。

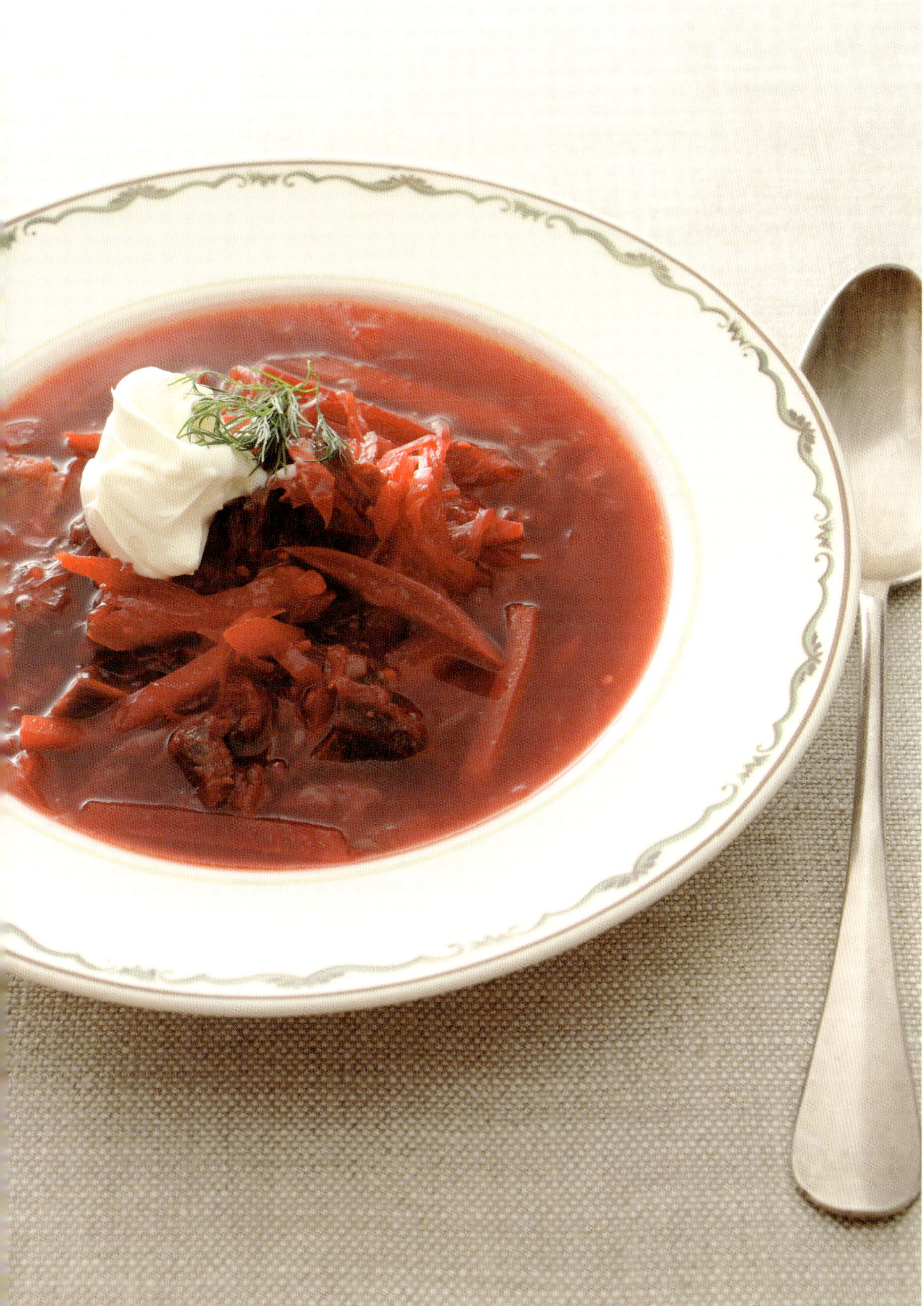

menu 25

ポークベーコン巻き

豚ヒレ肉にベーコンを巻きつけ、金串に刺して焼き上げた昔ながらの洋食メニューのひとつ。
スモークされたベーコンのうまみ、特製ソースで、
ワンランク上のごちそうに。

材料／2人分

- 豚ヒレ肉（かたまり）　400g
- ベーコン　4枚
- 塩、こしょう　各適量
- 小麦粉　適量
- サラダ油　大さじ2
- 白ワイン　½カップ
- トマトペースト　大さじ2
- トマトケチャップ　大さじ2
- ウスターソース　大さじ2
- 水　大さじ4
- バター（食塩不使用）　20g

つけ合わせ
- ポテトグラタン（p.70参照）　適量
- ブロッコリーの塩ゆで　適量
- にんじんのグラッセ（p.75参照）　適量

1 豚肉は3cmくらいの厚さになるように8等分に切り、手のひらで軽く押しながら形を整え、2切れ1組にしてベーコンで巻く。ベーコンで巻いたものを2個ずつ金串に刺し、塩、こしょう各適量をふり、両面に小麦粉をまぶす。

2 フライパンにサラダ油を熱し、1を入れて両面焼く。両面にしっかりと焼き色がついたら白ワイン大さじ1（分量外）をふりかけて弱火にし、ふたをして2〜3分蒸し焼きにして中まで火を通す。豚肉をとり出す。

3 2のフライパンに白ワインを入れて強火にして煮立て、トマトペースト、トマトケチャップ、ウスターソース、分量の水を加える。塩、こしょう各適量をふり、バターを小さく切って少しずつ加えてとろみをつける。

4 器に2の豚肉を盛り、3のソースをかける。ポテトグラタン、ブロッコリーの塩ゆで、にんじんのグラッセをつけ合わせる。

Pork

3cm厚さくらいに切った豚肉を2切れずつ合わせ、ベーコンで巻く。

ベーコンで巻いた豚肉を、2個ずつ金串に刺す。ベーコンの巻き終わりに刺すようにするとよい。

金串に刺したものをフライパンで焼く。小麦粉をつけてから焼くとうまみが外に逃げず、ジューシーに仕上がる。

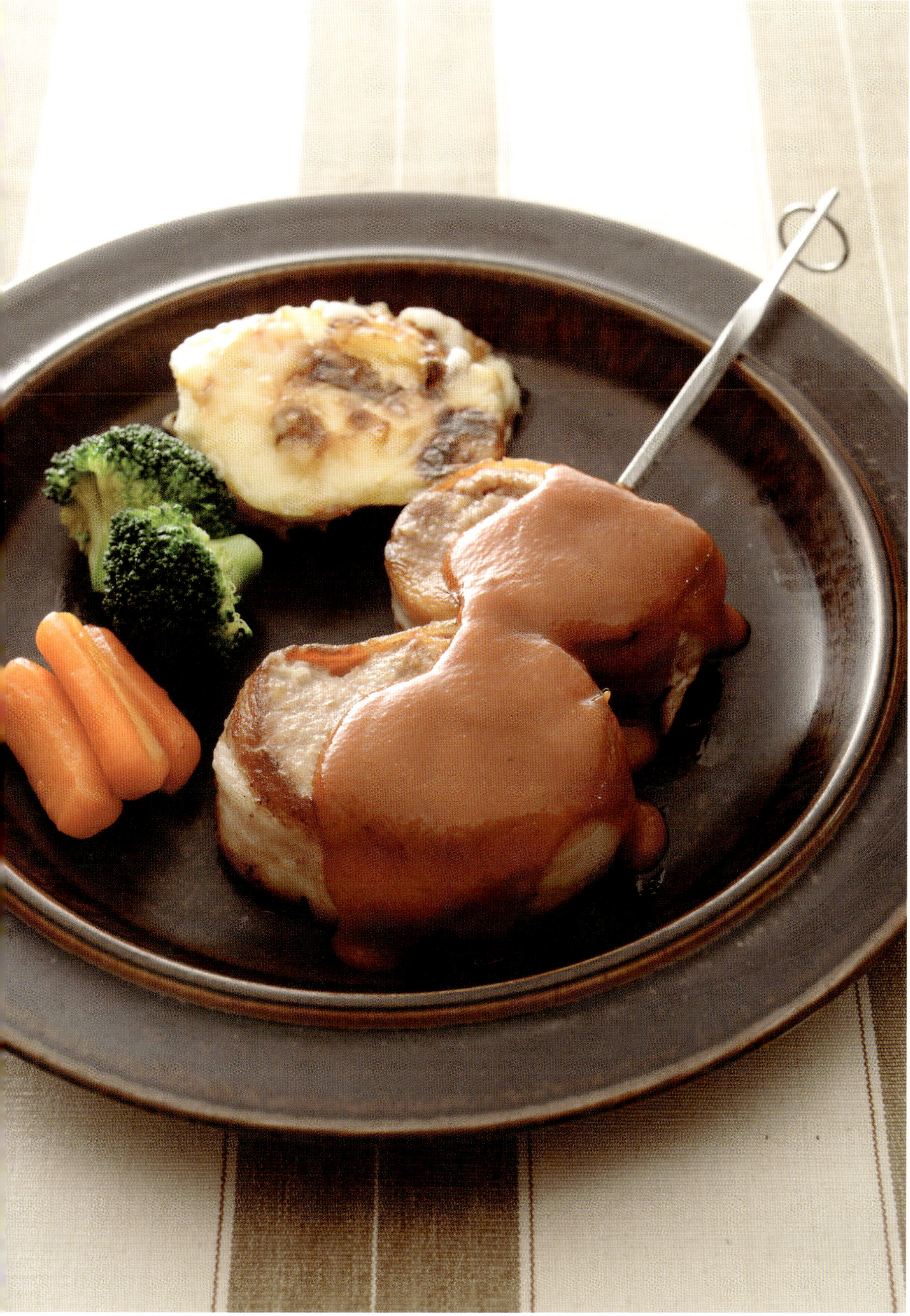

ポークジンジャー

しょうがたっぷりのジンジャーソースがおいしさの決め手。
ここでは骨つきの豚肉を使いましたが、
骨なしのものでも OK です。

menu
26

Pork

材料／2人分
豚ロース肉（骨つき・ソテー用）　2枚
塩、こしょう　各適量
小麦粉　適量
サラダ油　大さじ1
バター（食塩不使用）　30g
ジンジャーソース
　おろしにんにく　小1かけ分
　しょうがのせん切り　大2かけ分
　しょうがの絞り汁　大さじ2
　しょうゆ　大さじ1½
　みりん　大さじ3
白ワイン　½カップ
つけ合わせ
　レタスのせん切り、パセリ
　　各適量
　フレンチドレッシング (p.76参照)
　　適量
　パプリカパウダー　少々

1　豚肉は筋切りをして塩、こしょうをふり、小麦粉をまぶして余分な粉をはたく。

2　フライパンにサラダ油を熱してバター10gを溶かし、**1**の豚肉を盛りつけるときに表になる面を下にして入れ、焼く。焼き色がついたら裏返し、少し火を弱め、2分ほど焼いて中まで火を通す。ペーパータオルを敷いたバットにとり、油をきる。

3　ジンジャーソースを作る。ボウルにおろしにんにく、しょうがのせん切り、しょうがの絞り汁、しょうゆ、みりんを入れて混ぜ合わせる。

4　**2**のフライパンに白ワインを加えて再び火にかけて煮立て、**3**のジンジャーソースを加える。再び煮立ったらバター20gを少しずつ加えてとろみをつけ、**2**の豚肉を戻し入れてさっとからめる。

5　器に盛り、フライパンに残ったソースをかける。レタスとパセリをつけ合わせ、フレンチドレッシングにパプリカパウダーを混ぜたものをかける。

menu 27 スペアリブのロースト

マーマレードを加えたちょっぴり甘めのマリナードに豚肉を漬け込み、オーブンで香ばしく焼き上げます。

材料／2～3人分
豚スペアリブ（ハーフサイズ）　800g
マリナード
　にんにくのみじん切り
　　1かけ分
　酒　1/4カップ
　しょうゆ　1/4カップ
　粗びき黒こしょう　適量
　マーマレード　160g
　オリーブオイル　大さじ2
サラダ菜、パセリ　各適量

1　マリナードの材料は混ぜ合わせる。
2　バットにスペアリブを並べ入れ、マリナードをかけて冷蔵庫でひと晩おく。
3　天板に網をのせ、**2**を汁気をきって並べ、200℃のオーブンで20分ほど焼く。
4　器に盛り、サラダ菜とパセリを添える。

この状態で冷蔵庫に入れてひと晩おき、下味をつける。ここでしっかりと下味をつけておくことがポイント。

ポークカツレツ

menu 28

豚肉は赤身と脂身の間に包丁目を入れて
筋切りをしておくのがポイント。これで、揚げても身が縮みません。
サラダ油とラードを混ぜた揚げ油を使って、
ワンランク上のおいしさに。

材料／2人分
豚ロース肉（とんかつ用）　2枚
塩、こしょう　各適量
衣
　小麦粉、溶き卵、生パン粉
　　各適量
揚げ油（サラダ油3カップ弱に対して
　ラード250gの割合）　適量
ウスターソースまたは
　好みのソース　適量
つけ合わせ
　キャベツのせん切り
　　2〜3枚分
　パセリ　少々

1　豚肉は筋切りをして塩、こしょうをふり、小麦粉、溶き卵、パン粉の順に衣をつける。

2　揚げ油を170℃に熱し、**1**を入れ、徐々に温度を上げながらゆっくりと揚げていく。ときどき返しながら揚げ、全体にきつね色になり、軽くなって、油の泡が少なくなってきたら、とり出して油をきる。

3　器に盛り、キャベツ、パセリをつけ合わせる。ウスターソースまたは好みのソースを添える。

Pork

豚肉は脂身と赤身の間に包丁目を入れて筋切りをする。おいしくきれいに揚げるための基本。

ときどき返しながら、両面きつね色に揚げて中まで火を通す。

油の泡が少なくなってくるまで、じっくりと揚げる。1枚ずつ揚げた方が失敗がないが、2枚いっしょに揚げても。

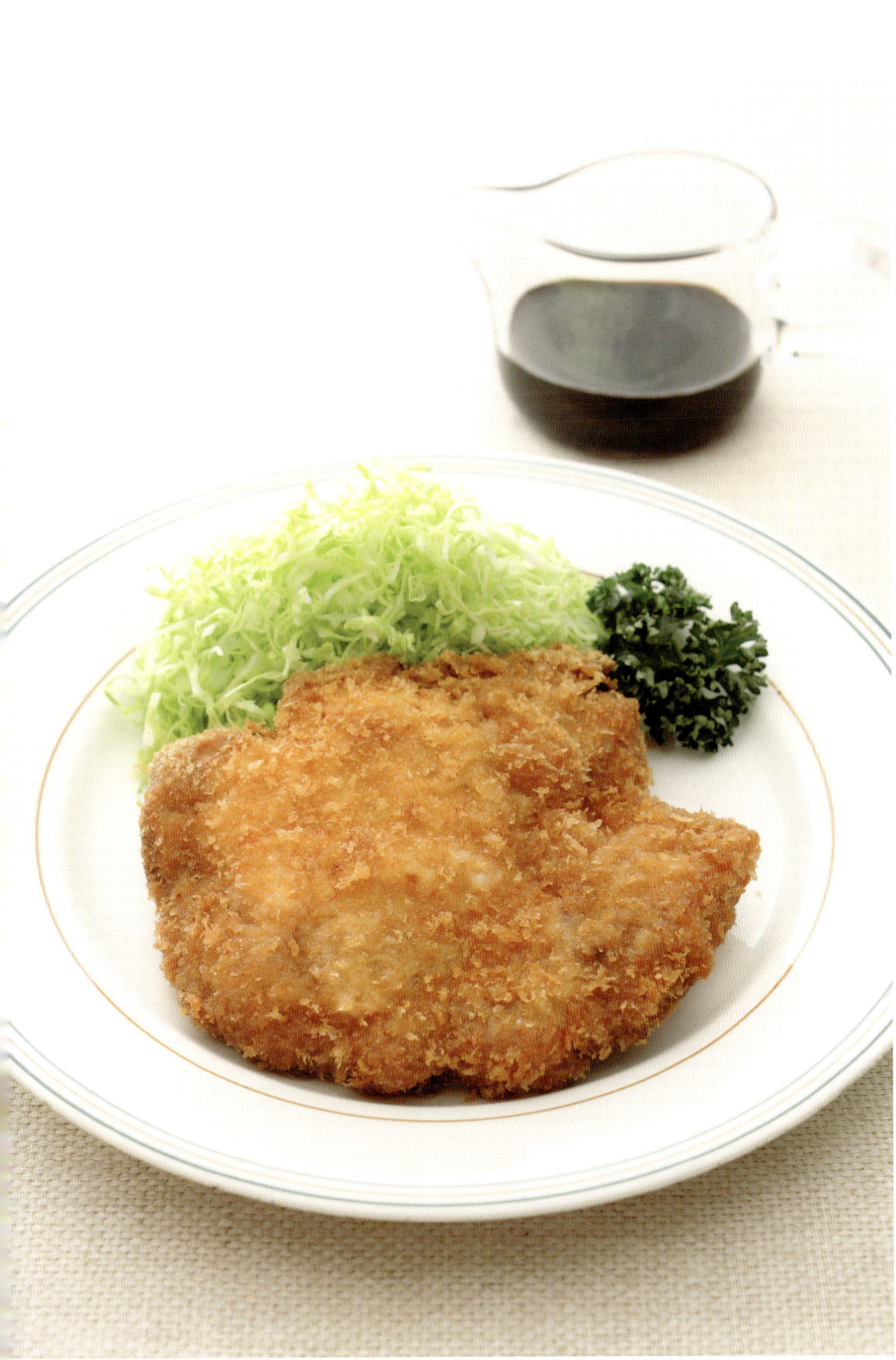

menu 29

ポークのトマト煮

豚肉を下ゆでしてひと晩おき、かたまった脂をとり除いてから使います。だから脂っぽさがなく、食べやすいのが魅力。最後に水溶きコーンスターチでとろみをつけて、やさしい口当たりに仕上げます。

材料／2〜3人分

- 豚バラ肉（かたまり）　600g
- 玉ねぎ　¼個
- セロリ　½本
- にんじん　½本
- 水　適量
- ローリエ　1〜2枚
- トマトジュース　1カップ
- 塩　適量
- こしょう　少々
- 砂糖　少々
- バター（食塩不使用）　30g
- 水溶きコーンスターチ
  - コーンスターチ小さじ2
  - ＋水小さじ2
- パセリのみじん切り　適量
- つけ合わせ
  - じゃがいものバター焼き
    - じゃがいも（ゆでたもの）　1個
    - バター（食塩不使用）　10g
    - 塩　少々

---

1 豚肉は5cm角に切る。玉ねぎ、セロリ、にんじんは2cm角に切り、豚肉とともに鍋に入れる。ひたひたに水を注ぎ、ローリエを加えて1時間煮る。粗熱をとり、冷蔵庫に入れてひと晩おく。

2 翌日に1の鍋の上面にかたまった脂をとり除き、豚肉はとり出し、煮汁は漉して野菜をとり除く。豚肉と漉したスープを鍋に戻し、トマトジュースを加えて20分ほど煮る。

3 2に砂糖を加え、塩小さじ1、こしょうで味を調え、豚肉を再度とり出す。

4 3の鍋の残った煮汁にバターを小さく切って加え、水溶きコーンスターチを加えてとろみを出し、豚肉を戻してさっと煮る。

5 じゃがいものバター焼きを作る。じゃがいもは皮をむいて1cm厚さの輪切りにする。フライパンにバターを熱して並べ入れ、両面こんがりと焼いて中まで火を通し、塩をふる。

6 器に4を盛り、パセリをふる。5をつけ合わせる。

Pork

ひと晩おいてかたまった脂をとり除く。ラードとして揚げものなどに使ってもよい。

豚肉と漉したスープにトマトジュースを加え、20分ほど煮る。

煮た豚肉をいったんとり出し、水溶きコーンスターチを加えて混ぜ、ゆるいとろみをつける。

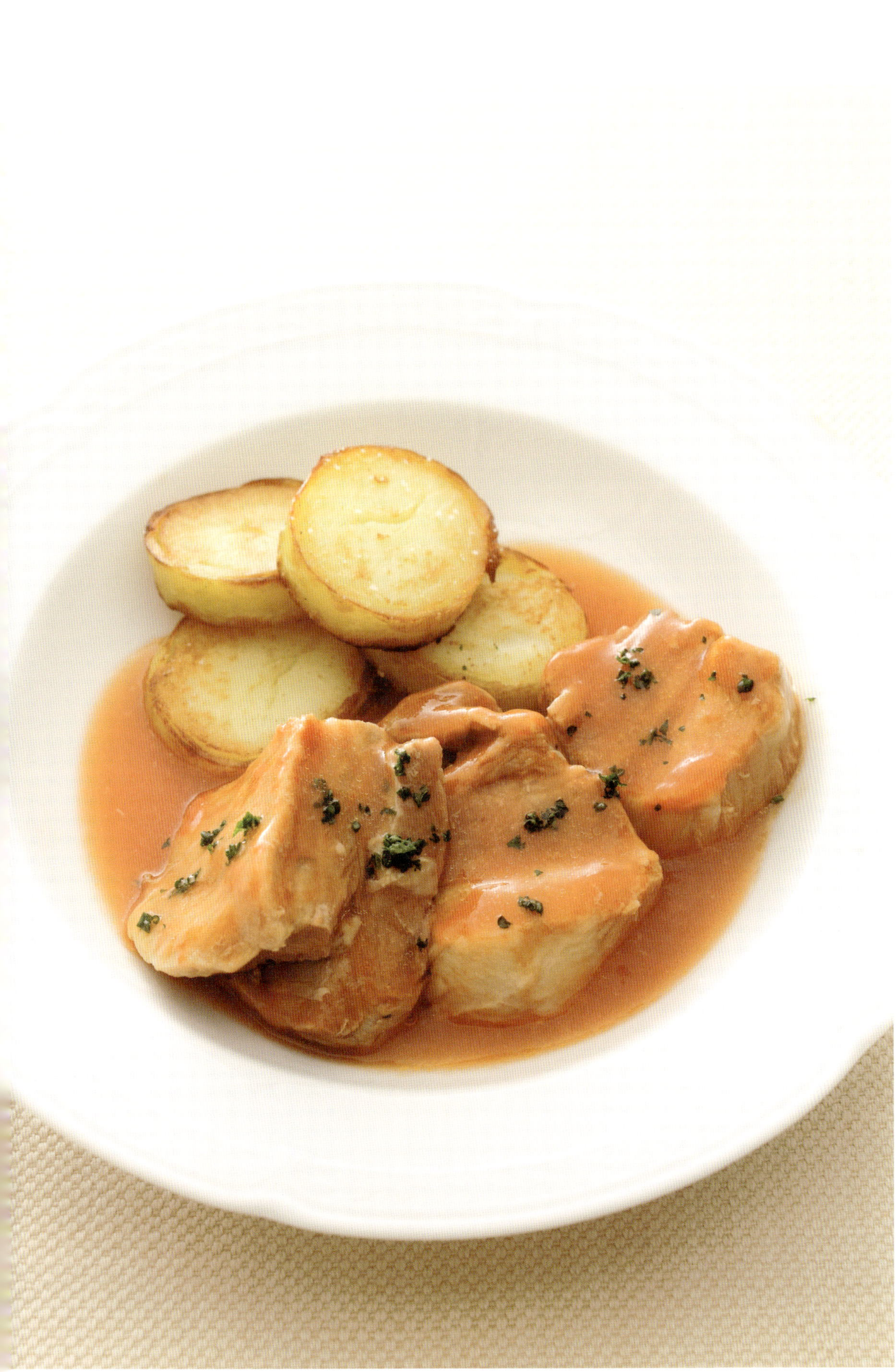

menu 30

チキンソテー

皮がパリッとするまでオリーブオイルで焼くのがポイント。
それだけでも十分おいしいですが、ここでは焼き汁に
白ワインとチキンブイヨンを足してソースを作り、
レストラン風に。

材料／2人分
鶏もも肉　2枚
塩、こしょう、小麦粉　各適量
オリーブオイル　大さじ2
ソース
　白ワイン　1/4カップ
　チキンブイヨン　1/2カップ
　塩　小さじ1/3
　しょうゆ　小さじ1
　砂糖　少々
　バター（食塩不使用）　20g
つけ合わせ
　きのこのマリネ（p.69参照）
　　適量

1　鶏肉は筋をとり、同じくらいの厚さになるように、厚い部分をそぐようにして開く。塩、こしょうをふり、薄く小麦粉をまぶす。

2　フライパンにオリーブオイルを熱し、1を皮目を下にして入れて焼く。ときどき、フライパンを傾けて油を鶏肉にかけ、4〜5分焼く。

3　皮がパリッとなったら裏返し、さらに3〜4分焼いて色よく仕上げ、鶏肉をとり出す。

4　ソースを作る。3のフライパンに白ワインを入れて焼き焦げをこそげ、半量程度になるまで煮詰め、チキンブイヨン、塩、しょうゆ、砂糖を加えてさらに少し煮詰める。バターを加えて少しとろみをつける。

5　器に3の鶏肉を盛り、4のソースをかける。きのこのマリネをつけ合わせる。

Chicken

鶏肉は火の通りが均一になるように、厚い部分をそぐようにして開き、厚さにあまり差が出ないようにする。

フライパンを傾け、スプーンなどで油をかけながら焼いていく。油はオリーブオイルがおすすめ。

鶏肉の焼き焦げを白ワインでこそげ、少し煮詰める。ここにチキンブイヨン、塩、しょうゆ、砂糖、バターを加えてソースに。

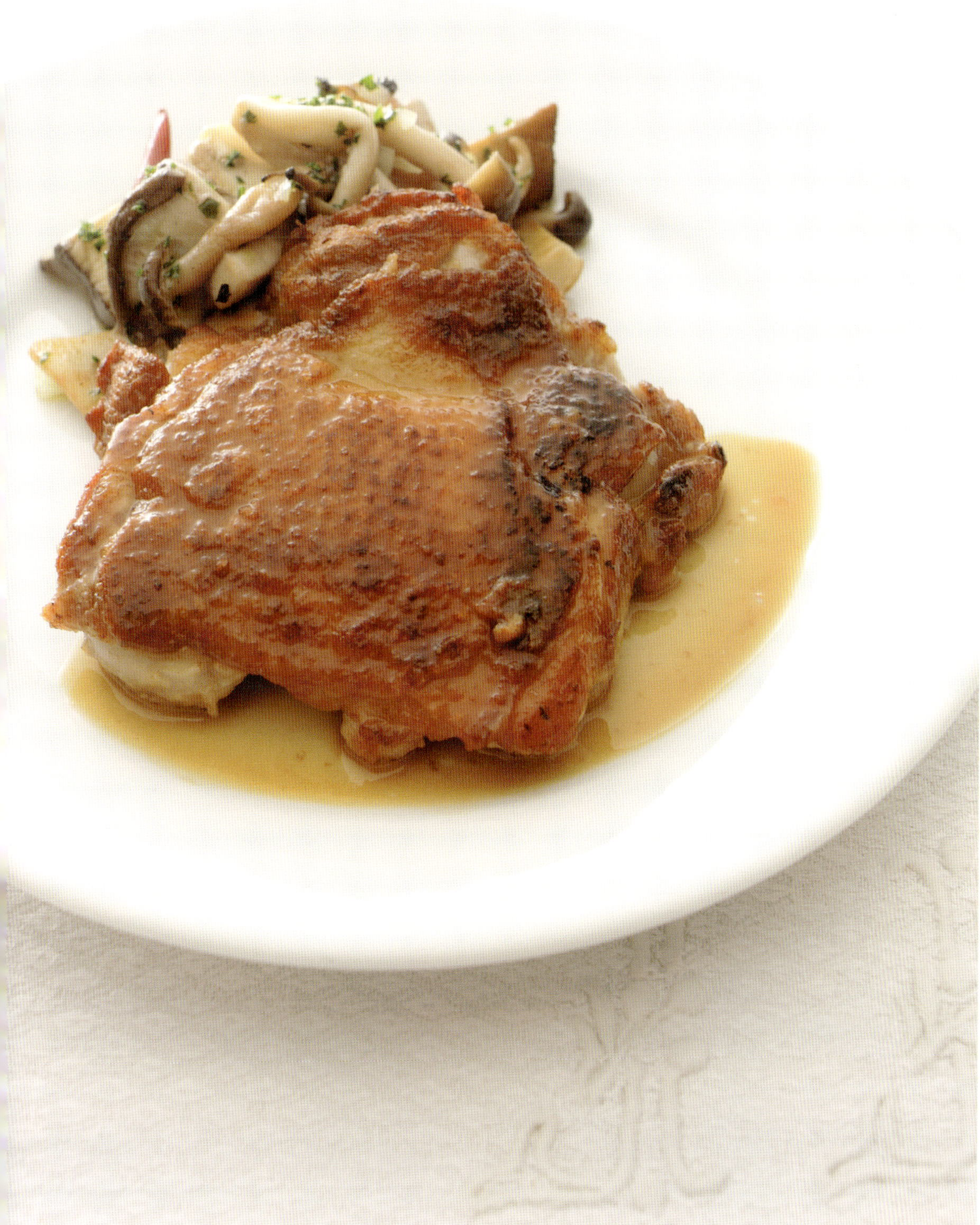

menu 31　チキンカツレツ

鶏肉は均一の厚さにして、中温から揚げはじめるのがポイント。
骨なしの鶏もも肉で作っても同様に。
デミグラスソースのほか、ウスターソース、タルタルソースもよく合います。

材料／2人分
鶏もも肉（骨つき）　2枚
塩、こしょう　各少々
衣
　小麦粉、溶き卵、生パン粉
　　各適量
揚げ油（サラダ油3カップ弱に対して
　ラード250gの割合）　適量
デミグラスソース（p.8参照）　適量
カットレモン　適量
つけ合わせ
　マッシュポテト（p.72参照）、
　　ゆでブロッコリー　各適量

1　鶏肉は骨のまわりに沿って包丁を入れて身を開き、身の部分についた骨をとり除く。均一の厚さになるように、厚い部分はそぐようにして開く。皮目にフォークで数ヵ所穴をあけ、軽く塩、こしょうをふる。

2　1に小麦粉をしっかりとまぶし、余分な粉は落とす。溶き卵、パン粉の順に衣をつける。

3　揚げ油を170℃に熱し、2を入れ、徐々に温度を上げながらゆっくりと揚げる。最後に少し火を強めてカラリと揚げる。

4　器に盛り、デミグラスソースをかけ、レモンを添える。マッシュポテト、ブロッコリーをつけ合わせる。

Chicken

鶏肉は骨に沿って包丁を入れて開き、身の部分についた骨を関節から切り離す。

menu 32 フライドチキン

スパイスやレモン入り牛乳に浸しておくと
下味がつくと同時に鶏肉のクセがやわらぎ、ジューシーに仕上がります。

材料／3〜4人分
鶏ぶつ切り肉（骨つき）
　600〜700g
牛乳　1カップ
レモンの絞り汁　大さじ1
おろしにんにく　1かけ分
オレガノ（ドライ）　大さじ1½
パプリカパウダー　小さじ1
カイエンヌペッパー　少々
塩　小さじ1
粗びき黒こしょう　小さじ⅓
衣
　溶き卵　1個分
　小麦粉　適量
揚げ油　適量
パセリ　適量

1　バットなどに牛乳を入れ、レモンの絞り汁を加えて冷蔵庫で30分ほどおく。
2　鶏肉はおろしにんにくをすり込む。
3　1にオレガノ、パプリカパウダー、カイエンヌペッパー、塩、粗びき黒こしょうを入れてよく混ぜ合わせ、2の鶏肉を加えてよくもみ込む。冷蔵庫に入れて2時間以上おく。
4　3の水気を拭き、溶き卵をつけ、小麦粉を全体にまぶす。
5　揚げ油を150〜160℃に熱して4を入れ、少し色づいてきたら徐々に温度を上げながら揚げる。最後に火を強めてカラリと仕上げる。
6　器に盛り、パセリを添える。

この状態で冷蔵庫に入れ、2時間以上おく。ひと晩おいて次の日に揚げてもよい。

menu 33

チキンのクリーム煮

鶏肉、きのこ、クリームソースの組み合わせが絶妙。
クリームソースといってもベシャメルソースは無用。
じっくり煮込んだ煮汁に生クリームを加えて仕上げるから簡単。

材料／2人分
鶏もも肉　2枚
塩、こしょう　各適量
玉ねぎ　1/2個
マッシュルーム　8個
ベーコン（ブロック）　80g
小麦粉　適量
バター（食塩不使用）　20g
白ワイン　1/2カップ
チキンブイヨン（p.6参照）
　1 1/4カップ
生クリーム　1/2カップ
ブールマニエ＊　大さじ2
グリンピース（さっとゆでたもの）
　正味 30g
つけ合わせ
　パセリバターライス（p.11参照）
　適量

＊ブールマニエ……バター（食塩不使用）を常温でやわらかくし、同量の小麦粉を加えてなめらかになるまで混ぜる。シチューなどのとろみづけに使う。

1 鶏肉は3等分に切り、塩、こしょう各少々をふり、冷蔵庫に入れて1時間ほどおく。玉ねぎは粗みじん切りにし、マッシュルームは石づきをとって1cm厚さに切る。ベーコンは1cm幅に切る。

2 1の鶏肉の水気を拭き、小麦粉をまぶす。

3 フライパンにバターを溶かして2を入れ、薄く焼き色がつくまで両面焼き、とり出す。

4 3のフライパンに玉ねぎ、マッシュルーム、ベーコンを入れて炒め、白ワインを加えてフライパンの焼き焦げをこそげ落とし、半量程度になるまで煮詰める。

5 4を鍋に移してチキンブイヨンを加え、3の鶏肉を加えてふたをし、弱火で20〜25分煮る。生クリームを加えて混ぜ、塩小さじ2/3、こしょう少々で味を調える。とろみが足りなければブールマニエを少しずつ加えてとろみをつけ、グリンピースを加えてさっと煮る。

6 器に盛り、パセリバターライスを型抜きしてつけ合わせる。

Chicken

鶏肉はバターで両面焼く。薄く色づくまで焼く方がおいしい。

うまみたっぷりのチキンブイヨンに焼いておいた鶏肉を加えて煮る。

鶏肉が煮えたら生クリームを加えて混ぜる。生クリームは乳脂肪35％や47％のコクのあるものを。

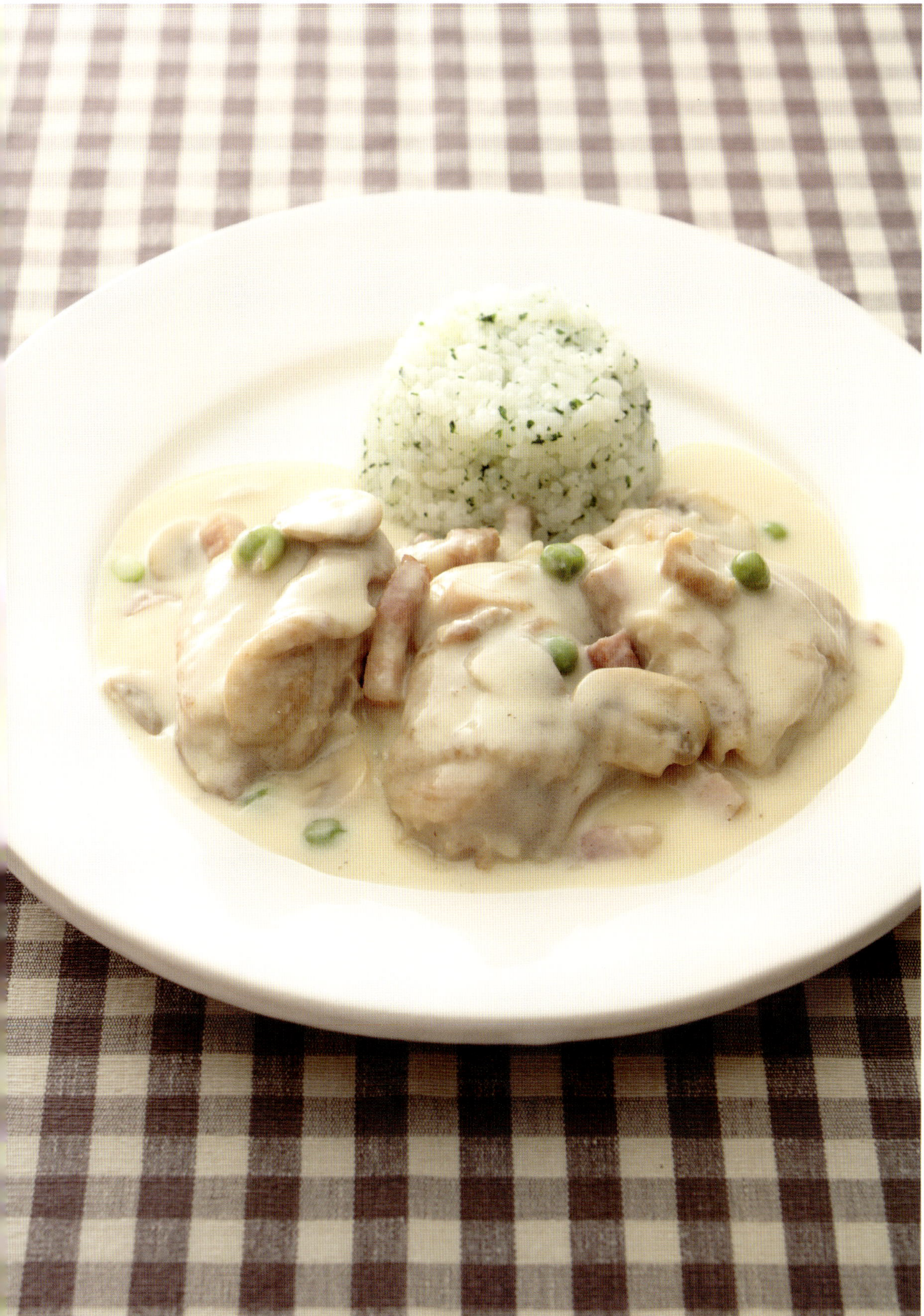

menu 34

チキンのマデイラ煮込み

赤ワインでマリネした鶏肉を、フォンドボーとマデイラ酒で
煮込んだ本格派。マデイラ酒で煮込むと
コクがあってまったりとして、上質な味わい。
うまみのあるハムを加えるのも、おいしさの秘密です。

材料／2人分
鶏もも肉（骨つき） 2本
塩 小さじ1/2〜2/3
こしょう 適量
赤ワイン 1カップ
小麦粉 適量
玉ねぎ 1/2個
にんじん 1/4本
セロリ 1/3本
マッシュルーム 8〜10個
ハム（ボンレスまたはロース。切り落とし）
　100g
オリーブオイル 大さじ2
フォンドボー（缶詰） 1カップ
マデイラ酒＊ 1カップ
バター（食塩不使用） 20g

＊マデイラ酒……ポルトガル領マデイラ島で造られる甘めのワイン。

1　鶏肉は関節の部分で2つに切り、塩、こしょうを全体にまぶし、バットに並べる。赤ワインを注いで冷蔵庫に入れてひと晩おく。

2　1の汁気を拭き、小麦粉を薄くまぶす。漬け汁はとっておく。

3　玉ねぎ、にんじん、セロリは5〜6mm角に切り、マッシュルームは石づきをとって薄切りにし、ハムは食べやすい大きさに切る。

4　フライパンにオリーブオイル大さじ1を熱し、2の鶏肉の皮目を下にして並べ入れ、強火で両面焼きつける。

5　鍋にオリーブオイル大さじ1を熱して玉ねぎ、にんじん、セロリを炒め、2の漬け汁を加えて半量程度になるまで煮詰める。フォンドボー、マデイラ酒を加え、さらに10分ほど煮詰める。

6　5に鶏肉とハムを加え、ふたをして30〜40分煮る。

7　フライパンにバター10gを熱して3のマッシュルームを炒め、6に加える。バター10gを小さく切って少しずつ加え、とろみをつける。

Chicken

鶏肉は塩とこしょうをまぶし、赤ワインに漬けてひと晩おき、しっかりと下味をつける。

鶏肉を漬けておいた赤ワインを煮詰め、フォンドボーとマデイラ酒を加えてさらに煮詰める。

焼いた鶏肉とハムを加え、さらに煮て仕上げる。ハムを加えることによって複雑なうまみが出る。

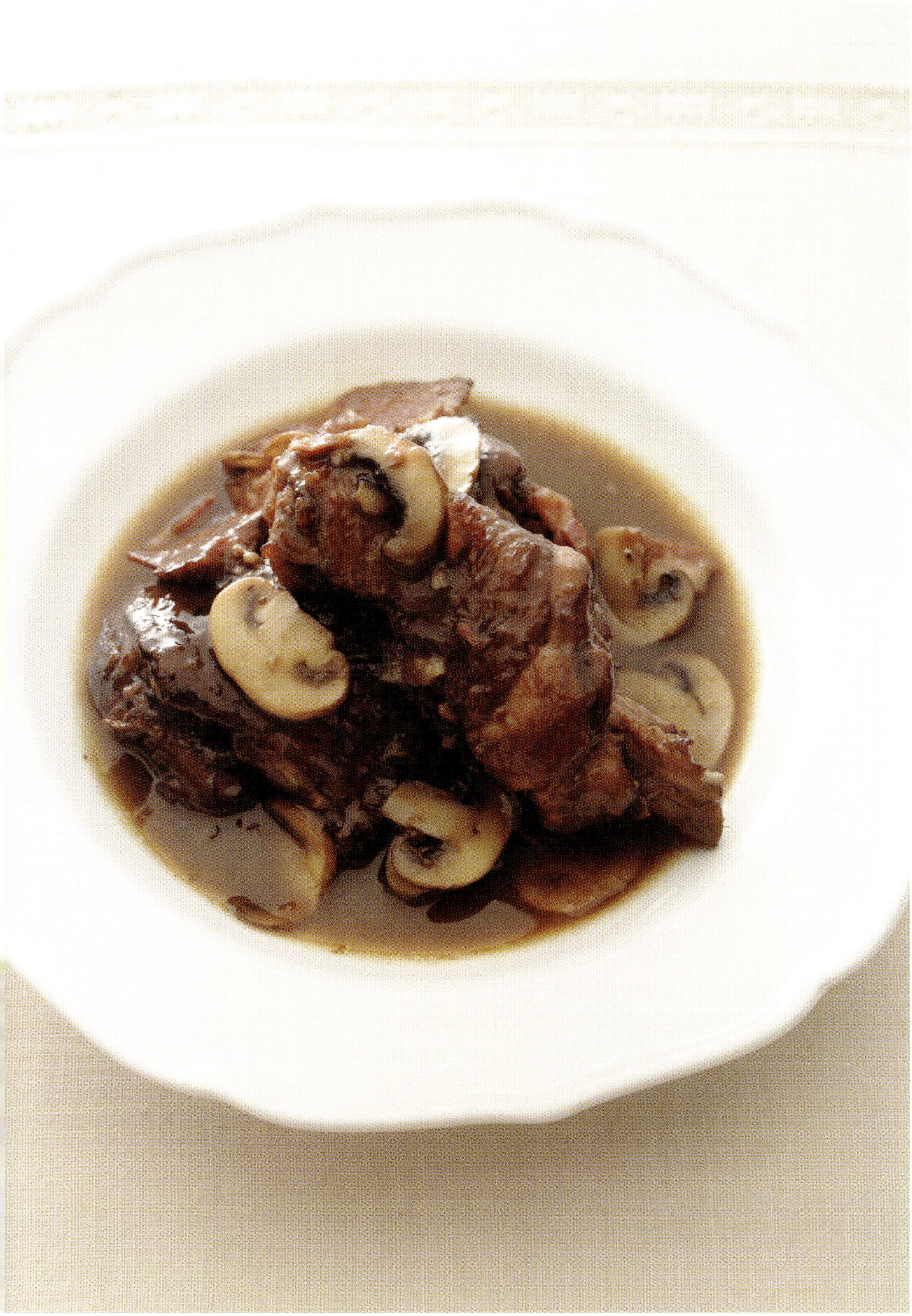

menu 35 サーモンムニエル

ムニエルは、小麦粉をまぶしてバターで香ばしくソテーする料理。
キングサーモンのほか、生鮭、白身魚、青背の魚などでも同様に。

材料／2人分
キングサーモン（筒切り）　2切れ
塩、こしょう　各少々
小麦粉　適量
サラダ油　大さじ2
バター（食塩不使用）　20g

ソース
　バター（食塩不使用）　50g
　レモンの絞り汁　小さじ1
　ケイパー　小さじ1
　トマトのみじん切り　小さじ1
　パセリのみじん切り　少々
　しょうゆ　少々
レモンの飾り切り　適量

つけ合わせ
　カリフラワーの塩ゆで　適量

1　サーモンは塩、こしょうをふり、小麦粉をしっかりとまぶし、余分な粉ははたき落とす。
2　フライパンにサラダ油を熱し、**1**のサーモンを、盛りつけたときに表になる面を下にして入れ、焼く。こんがりと焼き色がついたら裏返し、バターを加え、フライパンを傾けて溶けたバターをサーモンにかけながら香ばしく焼き上げる。サーモンはとり出す。
3　ソースを作る。**2**のフライパンにバターを入れて熱し、レモンの絞り汁、ケッパー、トマト、パセリ、しょうゆを加えて混ぜる。
4　器にサーモンを盛ってソースをかけ、レモンを添え、カリフラワーをつけ合わせる。

Seafood

小麦粉をまぶすときは、バットに小麦粉を広げておき、そこにサーモンを入れて表面にしっかりとまぶし、余分な粉をはたき落とすとよい。

menu 36 白身魚のピカタ

ピカタは、卵の衣を纏わせてソテーする料理。ふんわりとした食感が魅力。
ここでは衣にハーブを入れましたが、
パルメザンチーズのすりおろしを入れても。

材料／2〜3人分
白身魚（たらなど）　2〜3切れ
塩、こしょう　各少々
小麦粉　適量
衣
　卵　1個
　パセリのみじん切り　大さじ1
　セージ（ドライ）　大さじ1
　塩　小さじ1/3
　こしょう　少々
オリーブオイル　大さじ2
カットレモン　適量
つけ合わせ
　粉吹きいも
　　じゃがいも　1個
　　塩、こしょう　各少々
　サラダ菜、パセリ　各適量

1　つけ合わせの粉吹きいもを作る。じゃがいもは皮をむいて乱切りにし、鍋に入れ、水からゆでる。じゃがいもがやわらかくなったら湯を捨て、鍋をゆすって水分を飛ばし、塩、こしょうで味を調える。

2　白身魚は2〜3等分のそぎ切りにし、塩、こしょうをふり、小麦粉を薄くまぶす。

3　衣を作る。ボウルに卵を割りほぐし、パセリ、セージ、塩、こしょうを加えて混ぜる。

4　フライパンにオリーブオイルを熱し、**2**を**3**の衣にくぐらせて入れ、両面こんがりと焼く。

5　器に盛ってレモンを添え、粉吹きいも、サラダ菜、パセリをつけ合わせる。

ハーブ入りの卵衣をたっぷりとつけて、フライパンに入れていく。セージがなければパセリだけでもOK。

menu 37

かにクリームコロッケ

ひと口頬張ると、衣はサクッ、中はとろりクリーミー、
かにの風味がほんのり広がって……。
そんなクリームコロッケは人気の定番。
手作り、揚げたてなら、おいしさも格別です。

材料／5〜6人分
かに（ゆでたもの）　正味200g
玉ねぎ　1個
バター（食塩不使用）　10g
白ワイン　¼カップ
塩　小さじ½
こしょう　少々
レモンの絞り汁　少々

かためのベシャメルソース
　バター（食塩不使用）　50g
　小麦粉　80g
　牛乳　3カップ
　塩　小さじ1
　こしょう　少々

衣
　小麦粉、溶き卵、
　　パン粉（目が細かいもの）　各適量
揚げ油　適量
トマトソース（p.5参照）　適量

つけ合わせ
　セロリのレモンサラダ（p.81参照）
　　適量
　パセリ　少々

1　かためのベシャメルソースを作る。鍋にバターを溶かし、小麦粉を加えてよく炒める。牛乳を少しずつ加えてのばしていく。混ぜながらなめらかに練り、塩、こしょうで味を調える。

2　かにはほぐし、玉ねぎはみじん切りにする。

3　フライパンにバターを溶かして玉ねぎを炒め、透き通ってきたらかにを加え、白ワインを注いで強火で煮詰める。塩、こしょうをふり、レモンの絞り汁を加える。

4　ボウルに **1** と **3** を入れて混ぜ合わせ、バットに広げてならし、粗熱をとる。冷蔵庫に入れて冷やしかためる。

5　**4** を18等分にし、空気を抜きながら俵形に整え、小麦粉、溶き卵、パン粉の順に衣をつける。

6　揚げ油を170℃に熱し、**5** を入れ、きつね色にカラリと揚げる。

7　器に盛り、トマトソースをかける。セロリのレモンサラダとパセリをつけ合わせる。

Seafood

かにを炒めて白ワインをふって煮詰めたら、レモンの絞り汁を加えてかにの臭みをとる。レモンの酸味はベシャメルソースともよく合う。

クリームコロッケの生地を冷蔵庫に入れてしっかりかためたら、スケッパーなどで18等分に切り分ける。

ひとつずつ俵形に整え、小麦粉をたっぷりとつけて余分な粉をはたき落とし、そのあと溶き卵、パン粉をつける。

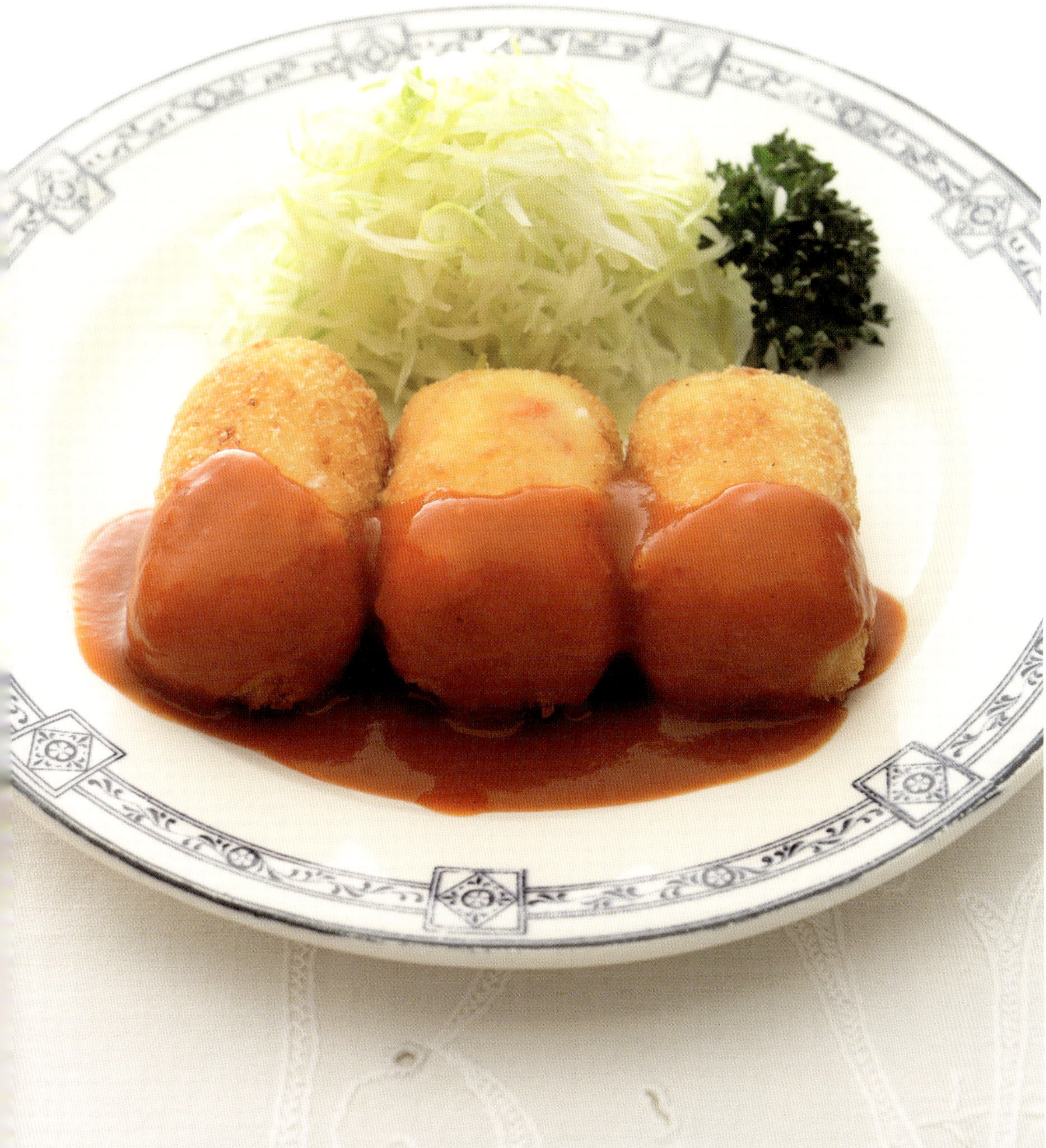

menu 38

えびフライ

フライの王道であるえびフライを、ここでは頭つきのえびを使って作ります。ポイントはえびの下ごしらえ。
尾をしごいて水分をとり除くと、揚げたときに油はねしにくくなり、胴の筋を切っておくと揚げても丸まりません。

材料／4人分
えび（有頭、殻つき。大正えび、車えび、ブラックタイガーなど）　8尾
塩、こしょう　各少々
レモンの絞り汁　少々
衣
　小麦粉、溶き卵、生パン粉
　　各適量
揚げ油　適量
つけ合わせ
　サラダ菜、レタスのせん切り、
　　トマトのくし形切り、
　　ポテトサラダ（p.79参照）、
　　パセリ　各適量
タルタルソース（p.9参照）　適量

1　えびは尾の先を少し切り落とし、尾の部分を包丁の峰でしごいて中に溜まっている水分や汚れをとり除く。頭と尾を残して殻をむき、背ワタをとり、腹の部分にところどころ切り込みを入れて筋を切る。軽く塩、こしょうをふり、レモンの絞り汁をふる。
2　1に小麦粉、溶き卵、パン粉の順に衣をつけ、手でしっかりと押さえる。
3　揚げ油を180℃に熱し、2を入れ、きつね色にカラリと揚げる。
4　器に盛り、サラダ菜、レタス、トマト、ポテトサラダ、パセリをつけ合わせる。タルタルソースを添える。

Seafood

えびは尾の先を少し切り落とし、尾の部分を包丁の峰でしごく。これで油がはねにくくなる。

腹の部分を上にしておき、ところどころに包丁で切り込みを入れて筋を切る。これで揚げても丸くなりにくい。

塩、こしょうをふり、レモンの絞り汁をふっておくと、甲殻類独特のクセがやわらぐ。

揚げても衣がはがれないよう、パン粉はしっかりとつける。頭の部分はつけなくてよい。

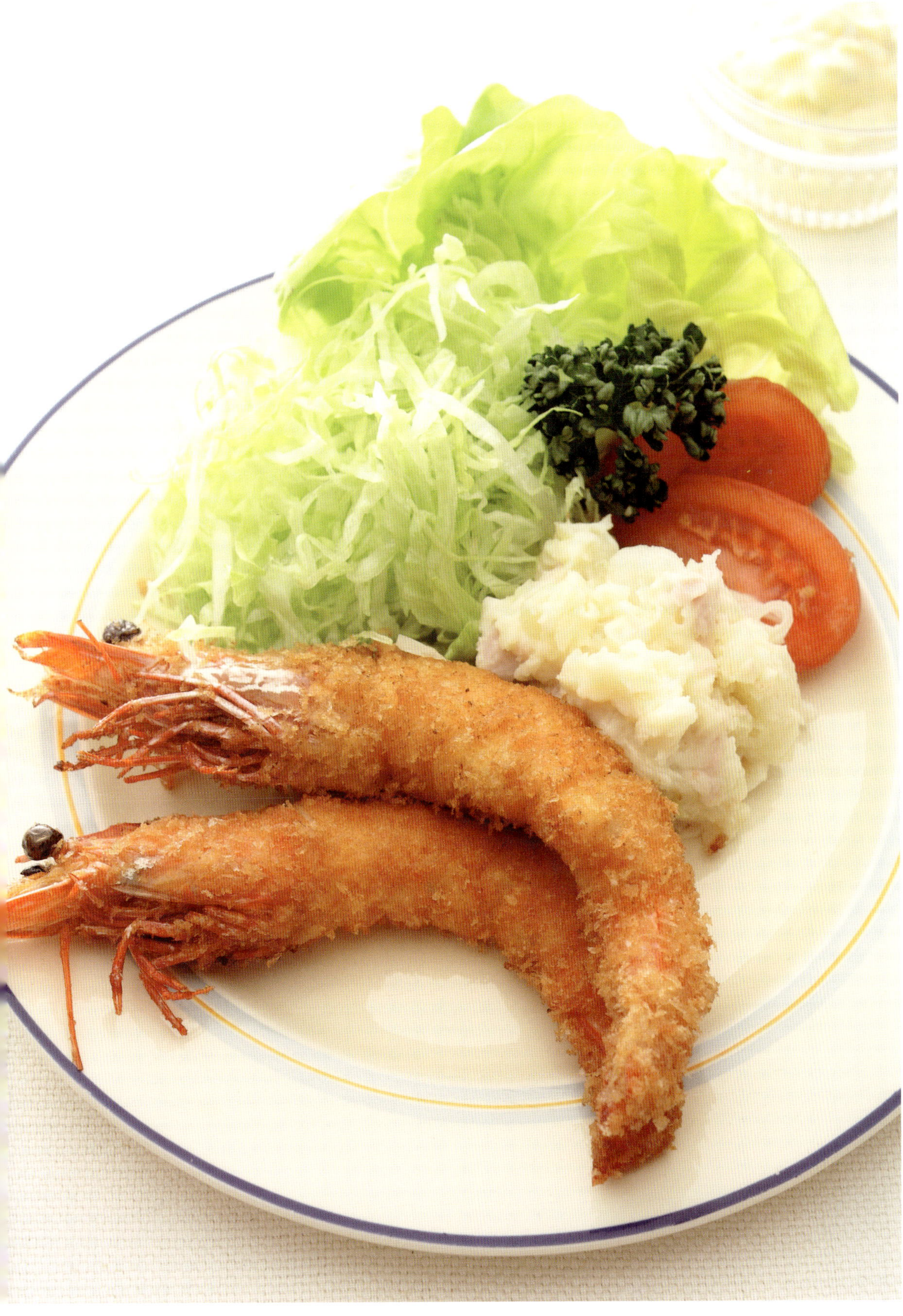

menu 39 かきフライ

寒くなるとおいしくなるかきを使った、秋〜冬のフライもの。
パン粉をつけたら手で軽くにぎって形を整え、衣を落ち着かせるのがポイント。

材料／2人分

かき（むき身） 12個
塩、こしょう　各少々
衣
　小麦粉、溶き卵、生パン粉
　　各適量
揚げ油　適量
カットレモン　適量
タルタルソース (p.9参照)　適量
ウスターソース　適量
つけ合わせ
　キャベツのせん切り、パセリ
　　各適量

1 かきはザルに入れて塩水でふり洗いし、流水で洗い、ペーパータオルで水気をしっかりと拭く。
2 1のかきに軽く塩、こしょうをふり、小麦粉をしっかりとまぶして余分な粉をはたき落とし、溶き卵、パン粉の順に衣をつけ、手で軽くにぎって衣を押さえる。
3 揚げ油を180℃に熱して2を入れ、最初は動かさないようにし、薄く色づいたら、ひっくり返しながらきつね色にカラリと揚げる。
4 器に盛り、キャベツ、パセリをつけ合わせ、レモン、タルタルソース、ウスターソースを添える。

Seafood

menu 40 シーフードミックスフライ

帆立て貝柱、白身魚、いかを盛り合わせたプレート。
p.58のえびフライ、p.60のかきフライを加えても豪華。

材料／2人分
帆立て貝柱　4個
白身魚（なめたがれいなど）　2切れ
いかの胴（文甲いかなど身の厚いもの）
　　100〜150g
塩、こしょう　各少々
衣
　小麦粉、溶き卵、生パン粉
　　　各適量
揚げ油　適量
カットレモン　適量
タルタルソース（p.9参照）　各適量
つけ合わせ
　キャベツのせん切り、クレソン
　　　各適量

1　白身魚はひと口大のそぎ切りにする。いかの胴は食べやすい大きさに切る。
2　貝柱と1に軽く塩、こしょうをふり、小麦粉をまぶして余分な粉をはたき落とし、溶き卵、パン粉の順に衣をつける。
3　揚げ油を180℃に熱し、貝柱を入れて30〜40秒ほど揚げ、とり出す。白身魚といかはもう少し時間をかけ、それぞれきつね色にカラリと揚げる。
4　器に盛り、キャベツ、クレソンをつけ合わせ、レモンとタルタルソースを添える。

menu 41 シーフードクリームシチュー

手作りのベシャメルソースを野菜の煮汁でのばして作ります。
だからクリーミーでやさしい味わい。
魚介は、そのおいしさを存分に味わいたいから、
仕上げに加えて煮すぎないように。

材料／4人分

- えび（無頭、殻つき）　12尾
- 帆立て貝柱　4～6個
- 玉ねぎ　1/2個
- じゃがいも　2個
- カリフラワー　1/4個
- さやいんげん　3～4本
- バター（食塩不使用）　10g
- チキンブイヨン（p.6参照）　3カップ
- ベシャメルソース（p.4参照）　1 1/2カップ
- サラダ油　小さじ2
- 白ワイン　大さじ4
- 塩、こしょう　各適量

1 えびは背ワタをとって殻をむく。尾は切りそろえる。

2 玉ねぎは薄切りにし、じゃがいもは皮をむいて4等分に切る。カリフラワーは大きめの小房に分け、かために下ゆでする。さやいんげんはかために下ゆでし、3等分の長さに切る。

3 鍋にバターを溶かして玉ねぎを入れ、しんなりするまで炒める。じゃがいも、分量の水、チキンブイヨンを加え、ふたをして強めの中火にかけ、煮立ったら弱火にして10分ほど煮る。

4 野菜に火が通ったら、ベシャメルソースを**3**の煮汁1カップでのばして加え、さらに5分ほど煮る。

5 フライパンにサラダ油を熱し、えびと貝柱を強火で炒め、白ワインを加えて煮詰める。煮汁ごと**4**に加える。

6 **5**にカリフラワー、さやいんげんを加えてひと煮し、塩、こしょうで味を調える。

Seafood

玉ねぎをしんなりするまで炒めてからじゃがいもを加える。玉ねぎの甘みもうまみになる。

野菜の煮汁でのばしたベシャメルソースを加え、クリームシチューのベースにする。

えびと貝柱はサラダ油で炒め、白ワインを加えて煮詰め、煮詰めた汁ごと加えて凝縮したうまみをプラスする。

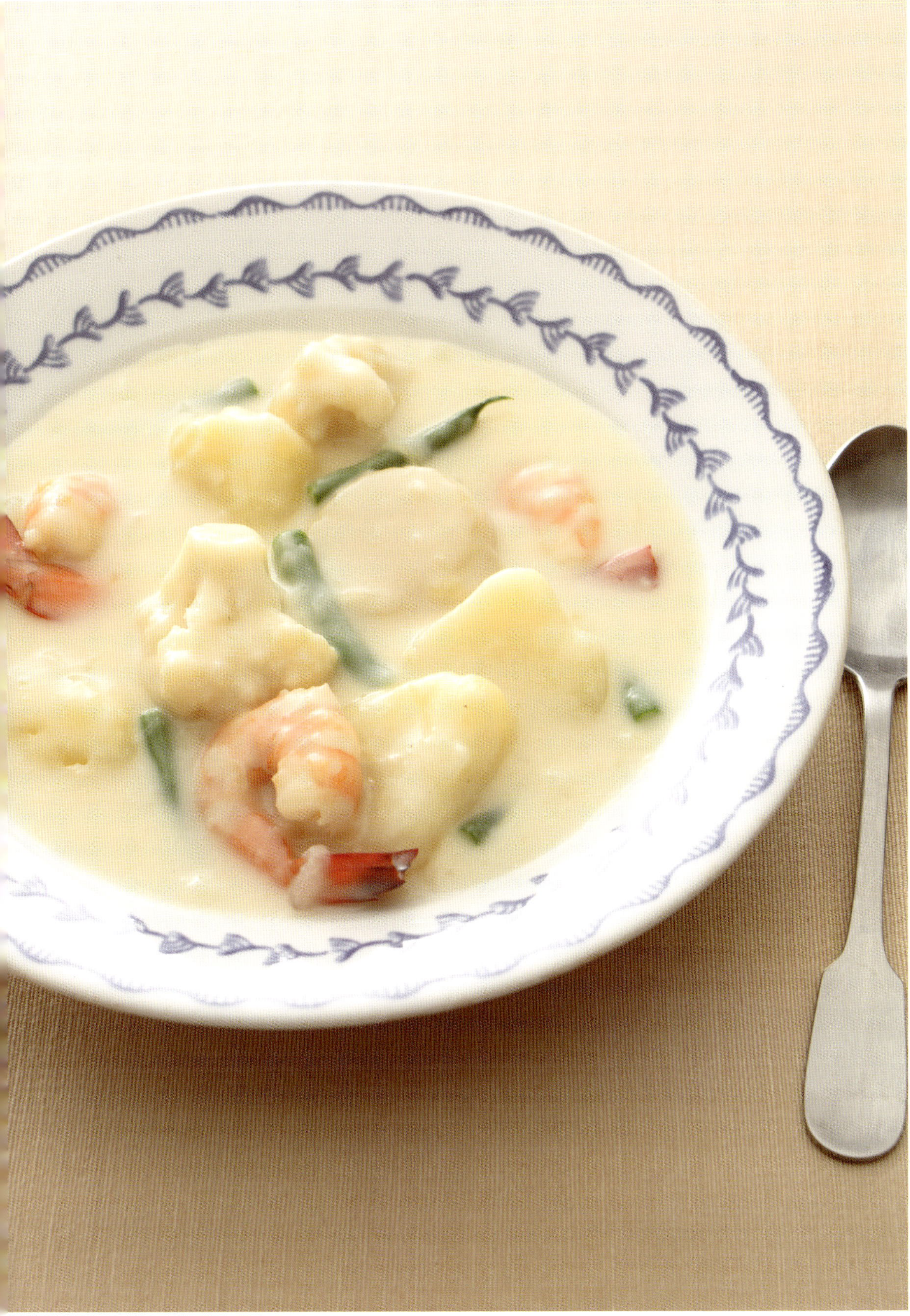

menu 42 帆立て貝のコキール

貝の殻に入れて仕上げた料理がコキール。ここではその代表的なレシピとして、帆立て貝にベシャメルソースをかけてグラタンにしたものを紹介。マッシュポテトで縁に飾りをつけ、ちょっぴり懐かしい雰囲気に。

材料／2人分
帆立て貝（殻つき）　2枚
マッシュルーム　2個
バター（食塩不使用）　30g
塩、こしょう　各適量
ブランデー　少々
ベシャメルソース（p.4参照）
　1½カップ
生クリーム　¼カップ
マッシュポテト（p.72参照）　適量
パルメザンチーズのすりおろし
　少々

1　帆立て貝は殻をあけて殻から身をはずし、ひもや内臓をとり除き、貝柱を2cmほどの角切りにする。殻2枚を水でさっと洗い、ペーパータオルなどで水気を拭き、バター少々（分量外）をぬっておく。

2　マッシュルームは石づきをとって5mm厚さに切る。

3　フライパンにバター20gを熱してマッシュルームを炒め、貝柱を加えてさらに炒め、塩、こしょうをふる。ブランデーをふってさっと煮立て、とり出す。

4　鍋にベシャメルソースを入れて温め、**3**の汁が残っていたら加え、生クリームを加えて混ぜる。

5　アルミホイルを敷いた天板に**1**の殻をのせ、**3**の貝柱とマッシュルームを入れ、殻のまわりにマッシュポテトを絞り出し袋に入れて絞り出す。**4**をかけ、パルメザンチーズをふり、バター10gをちぎって散らす。230℃のオーブンで焼き色がつくまで7〜8分焼く。

Appetizer

ベシャメルソースを生クリームでのばしてかけ、オーブンへ。天板の上にアルミホイルを敷いておくとよい。

menu 43 はまぐりのブルゴーニュ風

エスカルゴバターをたっぷりとかけて焼いた、はまぐりが美味。
バゲットにのせていただいてもおいしい！
キーンと冷えた白ワインによく合います。

材料／2人分
はまぐり　5〜6個
白ワイン　1/4カップ
エスカルゴバター
　バター（食塩不使用）　50g
　にんにくのみじん切り
　　1かけ分
　エシャロットのみじん切り
　　1/4個分
　パセリのみじん切り　大さじ2
　クルミ（ローストして細かく刻んだもの）
　　大さじ1
　塩　小さじ1/2
パン粉　適量
カットレモン、薄切りバゲットの
　トースト　各適量

1　はまぐりは塩水につけて砂抜きをする。
2　鍋にはまぐりを入れて白ワインを注ぎ、火にかける。殻が開いたら火を止めてとり出し、上の殻をはずす。
3　エスカルゴバターを作る。バターは室温でやわらかくし、にんにく、エシャロット、パセリ、クルミ、塩を加えて混ぜる。
4　2のはまぐりにエスカルゴバターをたっぷりとのせ、パン粉をふり、オーブントースターで焼き色がつくまで焼く。
5　器に盛り、レモンとバゲットを添える。

エスカルゴバターには
刻んだクルミを入れて
アクセントにする。

menu 44 えびのカクテル

今やレトロになりつつありますが、
スパイシーなカクテルソースのおいしさは健全。
えびのほか、かにや帆立て貝柱にもよく合います。

材料／2～3人分
えび（無頭、殻つき）　10尾
カクテルソース
　トマトケチャップ　大さじ4
　レモンの絞り汁　小さじ1
　ウスターソース　小さじ¼
　タバスコ　少々
　ホースラディッシュの
　　すりおろし　小さじ1
　オリーブオイル　小さじ1
　塩、こしょう　各少々
カットレモン、パセリ　各適量

1　えびは背ワタをとり、レモンの薄切り2枚と白ワイン少々（各分量外）を加えた熱湯でゆで、尾を残して殻をむく。
2　カクテルソースの材料を混ぜてカクテルグラスに入れ、えびをグラスの縁にひっかけるようにして盛りつけ、レモンとパセリを添える。

menu 45 スモークサーモンのマリネ

手軽に作れて、作りおきができるから、
アペタイザーにもってこい。
作った日はもちろん、
1～2日たってもおいしいのが魅力です。

材料／作りやすい分量
スモークサーモン　150g
玉ねぎ　½個
ケイパー　大さじ3
マリナード
　塩　小さじ½
　こしょう　少々
　白ワインビネガー　小さじ2
　レモンの絞り汁　小さじ2
　オリーブオイル　大さじ3
レモンの薄切り　適量
ディル　少々

1　スモークサーモンは大きいものは半分に切る。玉ねぎは繊維に逆らって薄切りにし、冷水に放し、しっかりと水気をきる。
2　バットなどに玉ねぎの半量を敷き、スモークサーモンをのせ、残りの玉ねぎをのせてケイパーを散らす。マリナードの材料を順に回しかけ、冷蔵庫で30分以上おいて味をなじませる。
3　ざっとあえて器に盛り、レモンとディルを添える。

Appetizer

menu 46 いわしのマリネ

新鮮ないわしを軽く塩でしめ、にんにく、玉ねぎ、パセリ入りのマリナードに漬け込みます。あじで作ってもおいしい。

材料／4人分
いわし（3枚におろしたもの）　4尾
塩　小さじ1½
マリナード
　にんにくのみじん切り
　　1かけ分
　玉ねぎのみじん切り　¼個分
　パセリのみじん切り　大さじ1
　白ワインビネガー　大さじ3
　オリーブオイル　大さじ5
レモンの薄切り　適量

1　いわしは塩を全体に軽くふり、ペーパータオルを敷いたバットなどに並べ、冷蔵庫で2時間ほどおく。
2　1の水気をペーパータオルでしっかりと拭きとり、バットなどに並べる。
3　2ににんにく、玉ねぎ、パセリをふり、白ワインビネガーとオリーブオイルを回しかけ、冷蔵庫で1時間〜半日おく。
4　器に盛り、レモンを添える。

menu 47 シーフードマリネ

4種類の魚介をフレンチドレッシングでマリネした、贅沢な1品。
魚介はゆですぎると身がかたくなってしまうので、さっとゆでます。

材料／4人分

- えび（無頭・殻つき）　8尾
- 帆立て貝柱　4個
- やりいか　2はい
- ムール貝　2〜3個
- 白ワイン　1/4カップ
- 玉ねぎの薄切り　1/4個分
- セロリの斜め薄切り　1/2本分
- フレンチドレッシング（p.76参照）
  　大さじ4
- 黒オリーブの輪切り　20g
- サラダ菜　3〜4枚
- レモンの薄切り　1〜2枚

1 えびは背ワタをとり、レモンの薄切り2枚と白ワイン少々（各分量外）を加えた熱湯でゆで、尾と殻をむく。貝柱は熱湯でさっとゆで、厚さを半分に切る。

2 やりいかは胴と足に分け、胴は2cm幅の輪切りにし、足は食べやすい長さに切り、熱湯でさっとゆでる。ムール貝は殻をこすり合わせて汚れをとり、鍋に入れて白ワインを注ぎ、ふたをして殻が開くまで蒸し煮にする。

3 バットなどに**1**、**2**、玉ねぎ、セロリを入れ、フレンチドレッシングをかけ、冷蔵庫で30分以上おく。

4 黒オリーブを加えてざっとあえて器に盛り、サラダ菜とレモンを添える。

Appetizer

ムール貝は殻についた汚れをほかの貝を使って削り落とす。ひげのような足糸も引き抜く。

menu 48 きのこのマリネ

4種類のきのこを使った
ワインにもパンにもご飯にも合うマリネ。
作ってすぐに食べられますが、
冷蔵庫で1日ほど漬けるとさらにおいしい。

材料／作りやすい分量
生しいたけ　10個
マッシュルーム　1パック
しめじ　1パック
エリンギ　2本
オリーブオイル　大さじ3
にんにくの薄切り　1かけ分
塩　小さじ½

マリナード
　玉ねぎのみじん切り¼個分　アンチョビ（刻んだもの）20g　赤唐辛子1本　パセリのみじん切り大さじ3　黒粒こしょう大さじ1　米酢、オリーブオイル各¼カップ　塩小さじ⅓

1　きのこはそれぞれ石づきをとって食べやすい大きさに切る。
2　フライパンにオリーブオイルとにんにくを入れて火にかけ、香りが立ったら1を加え、強火で炒めて塩をふる。
3　バットなどに2を入れ、マリナードの材料を混ぜ合わせて回しかけ、30分以上おく。

menu 49 ミックスピクルス

穏やかな酸味とフレッシュな香りの
アップルビネガーを使用。
アペタイザー、カレーやサンドイッチなどの
つけ合わせに。

材料／作りやすい分量
きゅうり　2本
セロリ　1本
カリフラワー　½個
パプリカ（赤）　1個
小玉ねぎ　10個
ヤングコーン（水煮）　8本
うずら卵（水煮）　12個
塩　小さじ2

ピクルス液
　アップルビネガー1½カップ　水2½カップ　ローリエ2枚　赤唐辛子1本　コリアンダーシード（つぶしたもの）大さじ1　マスタードシード大さじ2　黒粒こしょう10粒　砂糖½カップ　塩大さじ2

1　きゅうりは皮を縞目にむき、3等分の長さに切って縦半分に切る。セロリは筋をとってきゅうりの長さに合わせて切り、縦半分に切る。カリフラワーは小房に分け、パプリカはヘタをとって縦1cm幅に切る。小玉ねぎは皮をむき、十文字の切り込みを入れる。
2　ボウルに1を入れて塩をまぶし、30分ほどおき、水気をきって再びボウルに戻し、ヤングコーン、うずら卵を加える。
3　鍋にピクルス液の材料を入れてひと煮立ちさせ、熱いうちに2に加え、粗熱がとれたら冷蔵庫に入れて1日以上おく。

menu 50 ポテトグラタン

牛乳で煮たホクホクのじゃがいもを、
生クリーム、チーズ、バターを加えて焼き上げます。
ワインにもよく合うし、肉料理のつけ合わせにもおすすめ。

材料／2人分
じゃがいも　4個
牛乳　3カップ
生クリーム　1カップ
塩　小さじ⅔
こしょう　少々
ナツメグ　少々
グリュイエールチーズ
　（薄く削ったもの）100g
バター（食塩不使用）少々

1 じゃがいもは皮をむいて薄切りにして鍋に入れ、牛乳を注いでやわらかくなるまで煮る。生クリームを加えてさらに4〜5分煮詰め、塩、こしょう、ナツメグで味を調える。
2 1を耐熱容器に入れて表面を平らにし、グリュイエールチーズをかけ、バターをちぎってところどころにおく。
3 220℃のオーブンで20分ほど焼く。

Side dish

ポテトガレット

menu 51

じゃがいもをごく細いせん切りにし、丸く平たくカリッと焼き上げます。
ここではオリーブオイルだけで焼きましたが、バターを足しても。

材料／2人分
じゃがいも　2個
塩、こしょう　各適量
オリーブオイル　大さじ2
サワークリーム　適量
パセリ　適量

1　じゃがいもはごく細いせん切りにする。ボウルに入れ、塩、こしょうをまぶす。
2　フライパンにオリーブオイルを熱し、1を適量ずつ丸く広げておき、木ベラなどでときどき押しつけながら両面こんがりと焼く。
3　器に盛り、サワークリームとパセリを添える。

menu 52 マッシュポテト

裏漉ししたじゃがいもを
牛乳とバターでなめらかにし、
生クリームで仕上げたリッチタイプです。

材料／2人分
じゃがいも　3個
牛乳　1/2カップ
バター（食塩不使用）　40g
塩、こしょう　各適量
生クリーム　1/4カップ

1　じゃがいもは皮つきのまま水からゆで、竹串を刺してみてスーッと通るようになったらザルに上げ、熱いうちに皮をむいてつぶし、裏漉しする。

2　鍋に1を入れ、牛乳とバターを加えてなめらかになるまで混ぜ、塩、こしょうで味を調える。生クリームを加えて軽く混ぜる。

menu 53 ベイクドポテト

じゃがいものおいしさをストレートに味わえる、
素朴なレシピ。
丸ごとアルミホイルに包んで
オーブンでじっくりと焼き上げます。

材料／4人分
じゃがいも　4個
オリーブオイル　小さじ4
バター（食塩不使用）　大さじ2
塩、粗びき黒こしょう　各適量

1　じゃがいもは皮つきのままよく洗い、1個ずつアルミホイルの上にのせ、オリーブオイルを小さじ1ずつ回しかけ、アルミホイルでふんわりと包む。

2　1を天板にのせ、200℃のオーブンで45分ほど焼く。

3　アルミホイルをあけ、じゃがいもに十文字の切り込みを入れて少し割り、バターを大さじ1/2ずつのせて塩、こしょうをふる。

Side dish

menu 54 ポテトフライ

じゃがいもは蒸してから揚げるとホクホク。
最後に火を強めるとカリッと香ばしく仕上がります。

材料／作りやすい分量
じゃがいも　3個
揚げ油　適量
塩　適量

1　じゃがいもは皮つきのまま洗い、蒸し器に入れ、蒸気の立った状態で竹串がスーッと通るまで蒸す。皮つきのままくし形に切る。
2　揚げ油を180℃に熱して**1**を入れ、きつね色になるまで揚げ、最後に火を強めてカラリとさせる。
3　熱いうちに塩をまぶす。

menu 55 オニオンリングフライ

ビールとベーキングパウダーを加えた衣で揚げると、カリッ！
好みで粗びき黒こしょうをふったり、フレンチマスタードを添えます。

材料／作りやすい分量
玉ねぎ　2個
小麦粉　適量
衣
　卵　1/2個
　ビール（冷やしたもの）　1/2カップ
　小麦粉　70g
　ベーキングパウダー　小さじ1/2
　塩、こしょう　各少々
パン粉（目の細かいもの）　適量
揚げ油　適量

1　玉ねぎは1cm幅の輪切りにして1枚ずつばらし、小麦粉を全体に薄くまぶす。
2　衣を作る。ボウルに卵を割りほぐし、ビールを加えて混ぜる。小麦粉とベーキングパウダーを合わせてふるって加え、塩、こしょうを混ぜる。
3　玉ねぎを**2**の衣にくぐらせ、パン粉をまぶす。
4　揚げ油を170℃に熱して**3**を入れ、きつね色にカラリと揚げる。

menu 56 野菜のベニエ

ふわっとした口当たりの衣が、ベニエの特徴。
卵を卵黄と卵白に分け、卵白を泡立てて衣を作ります。

材料／作りやすい分量

ズッキーニ　1本
アスパラガス　4本
カリフラワー　1/4〜1/2個
小麦粉　適量
衣
　卵　2個
　水　1/2カップ
　サラダ油　大さじ1
　小麦粉　100g
　塩　少々
揚げ油　適量
カットレモン、パセリ　各適量

1　ズッキーニは1cm厚さの輪切りにし、アスパラガスは根元のかたい部分の皮をピーラーでむく。カリフラワーは小房に分ける。それぞれに小麦粉を薄くまぶす。

2　衣を作る。卵を卵黄と卵白に分け、それぞれボウルに入れる。卵黄には分量の水とサラダ油を加えて混ぜ、小麦粉をふるって加えてさらに混ぜる。卵白は塩を加えてしっかりと泡立てる。

3　卵黄のボウルに泡立てた卵白の1/3量を加えて混ぜ、残りの卵白を加えて泡をつぶさないようにさっくりと混ぜる。

4　1を3の衣にくぐらせ、170〜180℃に熱した揚げ油で色づくまで揚げる。

5　器に盛り、レモンとパセリを添える。

Side dish

泡立てた卵白は、泡をつぶさないようにゴムベラで混ぜるとよい。

menu 57 にんじんのグラッセ

砂糖を加えて甘めに煮、仕上げにバターを加えて照りよく仕上げます。ていねいに作るとおいしい！

材料／作りやすい分量
にんじん　1本
チキンブイヨン（p.6参照）
　1〜1½カップ
塩　小さじ⅓
砂糖　大さじ2
バター（食塩不使用）　大さじ1

1　にんじんは皮をむいてシャトー（4cmくらいのフットボール形）に切り、鍋に入れる。チキンブイヨンをひたひたに注ぎ、塩と砂糖を加え、弱めの中火で水気が少なくなるまで煮る。

2　にんじんがやわらかくなって煮汁が煮詰まってきたら、バターを加えてさっとからめる。

menu 58 さやいんげんのバターソテー

バターで炒めたらチキンブイヨンを加えて少し煮、さらに仕上げにバターを加えて風味よく。洋食ならではです。

材料／作りやすい分量
さやいんげん　100g
バター（食塩不使用）　20g
チキンブイヨン（p.6参照）
　大さじ2
塩、こしょう　各少々

1　さやいんげんは、太いものは縦半分に切る。

2　フライパンにバター10gを溶かし、1を入れてさっと炒める。色が鮮やかになったらチキンブイヨンを加え、水分を飛ばしながら炒め煮にする。

3　塩、こしょうで味を調え、仕上げにバター10gを加えて全体にからめる。

menu 59 コンビネーションサラダ

いくつかの素材をとり合わせる、という意をもつ、洋食の定番メニュー。
野菜だけでなく、ハムや卵、ポテトサラダなども加え、
味、食感、彩りすべてを考えてバランスよく盛りつけます。

材料／2人分
レタス　1～2枚
トマト　¼個
ゆで卵　1個
セロリ　1本
きゅうり　1本
フレンチドレッシング
　にんにくのすりおろし　少々
　米酢　大さじ1
　フレンチマスタード　小さじ2
　塩　小さじ⅔
　こしょう　少々
　砂糖　小さじ¼
　サラダ油　大さじ3
　オリーブオイル　大さじ1
ホワイトアスパラガス(缶詰)　2～3本
ハム　2枚
ポテトサラダ (p.79参照)　適量
パセリ　少々
マヨネーズ (p.9参照)　大さじ2～3
パプリカパウダー　少々

1　レタスはざっくりとちぎって冷水に放し、しっかりと水気をきる。トマトは皮を湯むきしてくし形に切る。ゆで卵は縦半分に切る。

2　フレンチドレッシングを作る。ボウルににんにく、米酢、フレンチマスタード、塩、こしょう砂糖を入れてよく混ぜ合わせ、サラダ油とオリーブオイルを少しずつ加えて乳化するまでよく混ぜ合わせる。

3　セロリは筋をとり、3cm長さの短冊切りにし、きゅうりも同じくらいの大きさに切る。ボウルに合わせ、**2**であえる。

4　器に**1**、**3**、ホワイトアスパラガス、ハム、ポテトサラダを盛り合わせ、パセリとマヨネーズを添え、パプリカパウダーをふる。

Salad

menu 60 かにサラダ

かにと相性のよいセロリを組み合わせ、マヨネーズ味の
サラダに仕立てます。レモン汁を加えるとかにのクセがやわらぎ、
うまみを感じながらも、すっきりとしたおいしさに。

材料／2人分
かに（ゆでたもの）　正味 130g
かにの爪（あれば）　1〜2本
セロリ　½本
レモンの絞り汁　小さじ½
マヨネーズ（p.9参照）
　大さじ 2½
レタス　2〜3枚
トマト　½個
パセリのみじん切り　少々

1　レタスはざっくりとちぎって冷水に放し、しっかりと水気をきる。トマトは薄い輪切りにする。
2　セロリは筋をとり、斜め薄切りにしてからごく細いせん切りにし、冷水に放してしっかりと水気をきる。
3　かには大きめにほぐしてボウルに入れ、セロリを加え、レモンの絞り汁を加えて混ぜ、マヨネーズを加えてあえる。
4　器にトマトを敷いてレタスをおき、**3**を盛り、パセリを散らす。かにの爪を添える。

menu 61

卵サラダ

ざっくりと切ったゆで卵が主役。
玉ねぎ、ピクルス、貝割れ菜を加えて
酸味や香りをプラスします。
手作りのマヨネーズでやさしい味わいに。

材料／2～3人分
ゆで卵　6個
玉ねぎ　¼個
きゅうりのピクルス　2本
貝割れ菜　½パック
マヨネーズ (p.9参照)　大さじ6
塩、こしょう　各少々
パプリカパウダー　少々

1 ゆで卵は大きめのざく切りにする。玉ねぎ、ピクルスはみじん切りにする。貝割れ菜は根元を切り落とし、葉先と軸に分け、軸は1cm長さに切る。
2 ボウルにゆで卵、玉ねぎ、ピクルス、貝割れ菜の軸を入れ、マヨネーズを加えてあえ、塩、こしょうで味を調える。
3 器に盛り、貝割れ菜の葉先を散らし、パプリカパウダーをふる。

menu 62

マカロニサラダ

マカロニが主役。だからほかの具は少なめ。
きゅうりと玉ねぎは
塩もみしてあらかじめ水分を出しておくと、
味がなじんでおいしい。

材料／2～3人分
マカロニ　150g
きゅうり　1本
玉ねぎ　¼個
ゆで卵　1個
塩、こしょう　各少々
レモンの絞り汁　少々
オリーブオイル　小さじ1
マヨネーズ (p.9参照)
　大さじ8～9

1 マカロニは塩少々（分量外）を加えた熱湯で表示通りにゆで、ザルに上げて水気をきる。
2 きゅうりは縦半分に切り、斜め薄切りにする。玉ねぎは薄切りにする。それぞれ軽く塩（分量外）をふり、手でもんで水気を絞る。ゆで卵は粗めに刻む。
3 ボウルに **1**、**2** を入れ、塩、こしょうをふり、レモンの絞り汁、オリーブオイルを加えて混ぜる。マヨネーズを加え、全体にさっくりとあえる。

Salad

menu 63

ポテトサラダ

玉ねぎとハムを混ぜただけのシンプル仕上げ。
マヨネーズであえる前にオイルと酢で下味をつけておくのがポイントです。
好みできゅうりやにんじん、グリンピースなどを加えても。

材料／作りやすい分量
じゃがいも　5個
米酢　小さじ2
オリーブオイル　大さじ1½
塩　小さじ½
こしょう　少々
玉ねぎ　½個
ハム　6枚
マヨネーズ (p.9参照)　大さじ10
サラダ菜、パセリ　各適量

1　じゃがいもは皮つきのまま水からゆで、竹串がスーッと通るくらいになったらザルに上げる。熱いうちに皮をむき、ボウルに入れて粗めにつぶす。
2　1がまだ熱いうちに米酢、オリーブオイル、塩、こしょうを加えて混ぜ、下味をつける。
3　玉ねぎは薄切りにして塩水につけ、水気をしっかりと絞る。ハムは1cm角に切る。
4　2に3を加え、マヨネーズを入れて混ぜ合わせる。
5　器に盛り、サラダ菜とパセリを添える。

じゃがいもが熱いうちに米酢、オリーブオイル、塩、こしょうで下味をつけておくと、マヨネーズとなじみやすい。

menu 64 トマトサラダ

ドレッシングには、
コクと深みのある赤ワインビネガー、
オイルの中でもさらりとしている
グレープシードオイルを使用。
トマトによく合います。

材料／2〜3人分
トマト　2個
玉ねぎのみじん切り　1/4個分
ドレッシング
　赤ワインビネガー　小さじ2
　フレンチマスタード　小さじ2
　塩　小さじ2/3
　こしょう　少々
　砂糖　少々
　グレープシードオイル
　　大さじ2
パセリのみじん切り　大さじ1

1　トマトは1cm厚さの輪切りにする。玉ねぎは粗みじんに切る。
2　ドレッシングを作る。ボウルにグレープシードオイル以外の材料を入れてよく混ぜ合わせ、グレープシードオイルを少しずつ加えて乳化するまでよく混ぜる。
3　器にトマトを並べ、2のドレッシングをかけ、玉ねぎとパセリを散らす。

menu 65 ホワイトアスパラサラダ

マヨネーズにマスタードや赤ワインビネガー、
オリーブオイルを混ぜて作る
クリーミーなドレッシングが、
おいしさの決め手です。

材料／2〜3人分
ホワイトアスパラガス（缶詰L）
　1缶（4〜5本）
ドレッシング
　マヨネーズ（p.9参照）　大さじ1
　おろしにんにく　少々
　フレンチマスタード　小さじ2
　塩　小さじ1/3
　こしょう　少々
　赤ワインビネガー　小さじ1
　オリーブオイル　大さじ1
パプリカパウダー　少々

1　ホワイトアスパラガスは水気をペーパータオルなどで拭く。
2　ドレッシングを作る。ボウルにオリーブオイル以外の材料を入れてよく混ぜ、オリーブオイルを少しずつ加えて混ぜ合わせる。
3　器に1を盛り、2のドレッシングをかけ、パプリカパウダーをふる。

Salad

menu 66 セロリのレモンサラダ

ごく細く切ったセロリにレモンの皮を加えた、さわやかな香りのサラダ。セロリは冷水に放してシャキッとさせ、レモンはごく細く切るのがポイント。

材料／作りやすい分量
セロリ　2本
レモンの皮（黄色い部分のみ）
　½個分
フレンチドレッシング（p.76参照）
　大さじ2〜3

1　セロリは筋をとり、ごく薄い斜め切りにするか、スライサーで斜め薄切りにする。さらに縦にごく細いせん切りにし、冷水に放してシャキッとさせ、しっかりと水気をきる。
2　レモンの皮はよく洗い、レモンピーラーでむく。または包丁で薄く切りとり、ごく細く切る。
3　セロリに2の半量を混ぜて器に盛り、フレンチドレッシングをかけ、残りの2を散らす。

menu 67 コールスローサラダ

たっぷり作ってサンドイッチやホットドッグにも。冷蔵庫に1〜2日入れて味がなじんだ頃もおいしい！

材料／作りやすい分量
キャベツ　1個
にんじん　½本
玉ねぎ　½個
塩　小さじ1
米酢　大さじ3
砂糖　大さじ2
サラダ油　大さじ3
こしょう　少々

1　キャベツは太めの細切りにし、にんじんはせん切りにする。玉ねぎは薄切りにして冷水に放し、しっかりと水気をきる。
2　ボウルに1を入れ、塩小さじ½を混ぜ、重石をしてしばらくおき、しんなりとしたら水気を絞る。
3　2に塩小さじ½、米酢、砂糖、サラダ油の順に加え、そのつど手でよくもむ。仕上げにこしょうをふって混ぜる。

menu 68 プレーンオムレツ

フワッと仕上げるには手早さが大切。
卵液をフライパンに流し入れたら強火で手早く大きく混ぜます。
小さめのフライパンで作るのがおすすめ。ここでは直径19cmのものを使います。

材料／1人分
卵　3個
塩　少々
サラダ油　小さじ1
バター（食塩不使用）　3〜4g
仕上げ用バター（食塩不使用）　少々
パセリ　少々

1　ボウルに卵を割りほぐし、塩を加えて混ぜる。
2　小さめのフライパンに多めのサラダ油（分量外）を入れて熱してなじませ、油を捨てる。新たに、サラダ油、バターを入れ、バターが溶けたら1をいっきに流し入れ、ゴムベラなどを使って強火で手早く大きく混ぜる。
3　下はかたまって上は半熟状になったら火を止め、フライパンを向こう側に傾けて卵を寄せ、ゴムベラを使って返してオムレツ形に整える。
4　器に盛り、仕上げ用バターをのせて溶かし、パセリを添える。

フライパンを傾け、ゴムベラを使いながら返す。火が通りすぎないよう、火を止めてやるとよい。

Eggs

menu 69 ハムエッグ

卵は完全食品といわれるほど栄養満点なので、洋食のハムエッグは
立派なメインディッシュ。オリーブオイルで焼くと香ばしく仕上がります。

材料／1人分
卵　2個
オリーブオイル　適量
ロースハム　2枚
塩、こしょう　各適量
トマトの輪切り　1枚
ミックスピクルス(p.69参照)、
　パセリ　各適量

1　卵は小さめのボウルなどに割り入れておく。
2　フライパンにオリーブオイル少々を熱し、ロースハムを少し重ねて入れる。まわりが焼けてきたらロースハムの上に1をのせて弱火にする。白身が完全にかたまるまで焼き、塩、こしょうをふり、器に盛る。
3　2のフライパンにオリーブオイル少々を足し、トマトを入れて両面焼き、軽く塩をふる。
4　2の器に3、ピクルス、パセリを添える。

menu 70 リッチなスクランブルエッグ

バターと生クリームのコクと風味を感じるリッチテイスト。
ここではメルバトーストにのせていただきます。

材料／1人分
卵　2個
生クリーム　大さじ1
塩、こしょう　各少々
バター（食塩不使用）　6〜7g
メルバトースト
　サンドイッチ用食パン（耳なし）
　　1枚
　バター（食塩不使用）　少々
パセリのみじん切り　少々

1　ボウルに卵を割りほぐし、泡立て器でふんわりとするまで泡立てる。生クリーム、塩、こしょうを加えてやさしく混ぜる。
2　メルバトーストを作る。食パンは3等分に切り、バターをぬってカリカリにトーストする。
3　フライパンにバターを溶かし、**1**をいっきに流し入れて強火で手早くかき混ぜ、半熟状になったらすぐに火から下ろす。
4　メルバトーストに**3**をのせて器に盛り、パセリを散らす。

Eggs

卵は泡立て器でふんわりとするまで泡立てる。これで仕上がりもふわっとする。

menu 71 スタッフドエッグ

マヨネーズであえた黄身を絞り出し袋で絞り入れると、おもてなし風。
好みで、オリーブの輪切りやイクラなどを飾っても。

材料／2人分
ゆで卵　2個
マヨネーズ（p.9参照）　大さじ2
塩、こしょう　各少々
パセリのみじん切り　少々

1　ゆで卵はギザギザになるようにナイフを入れて半分に切り、黄身をとり出す。黄身だけをボウルに入れてフォークでていねいにつぶし、マヨネーズ、塩、こしょうを加えてあえる。
2　1の黄身を星形の口金をつけた絞り出し袋に入れ、白身の凹みに絞り出す。
3　器に盛り、パセリを散らす。

menu 72

オニオングラタンスープ

玉ねぎをあめ色になるまでじっくりと炒め、
赤ワインとビーフブイヨンを加えてスープを作ります。
このうまみたっぷりのスープにパンとチーズをのせて
オーブンで焼けば、オニオングラタンスープの完成！
手をかけただけのおいしさがあります。

材料／4人分

玉ねぎ　3個
バター（食塩不使用）　50g
赤ワイン　大さじ2
ビーフブイヨン（p.6参照）　4カップ
塩　小さじ1
バゲットの薄切り　8枚
グリュイエールチーズ（薄く削ったもの）　100g
粗びき黒こしょう　少々

1　玉ねぎは薄切りにする。

2　鍋にバターを溶かして玉ねぎを強めの中火で炒め、しんなりとして水分が出てきたら、焦げないように混ぜながらよく炒める。焦げついてきたら水少々（分量外）を加えてこそげ、あめ色になるまで炒める。

3　2に赤ワインを加えて煮詰め、ビーフブイヨンを加え、ふたをして弱火で10分ほど煮る。塩で味を調える。

4　バゲットはオーブントースターで乾燥する程度に焼く。

5　1人分ずつの耐熱性の器に3を注ぎ入れ、バゲット2枚ずつをのせてグリュイエールチーズをかける。

6　5を220℃のオーブンに入れ、チーズが溶けて焼き色がつくまで焼く。仕上げにこしょうをふる。

Soup

玉ねぎは強めの中火で炒める。焦げないように全体に混ぜながら、あめ色にしていく。

あめ色になるまでていねいにしっかりと炒める。これがオニオングラタンスープのベース。

スープの上にバゲットをのせ、グリュイエールチーズをたっぷりとのせ、オーブンへ。

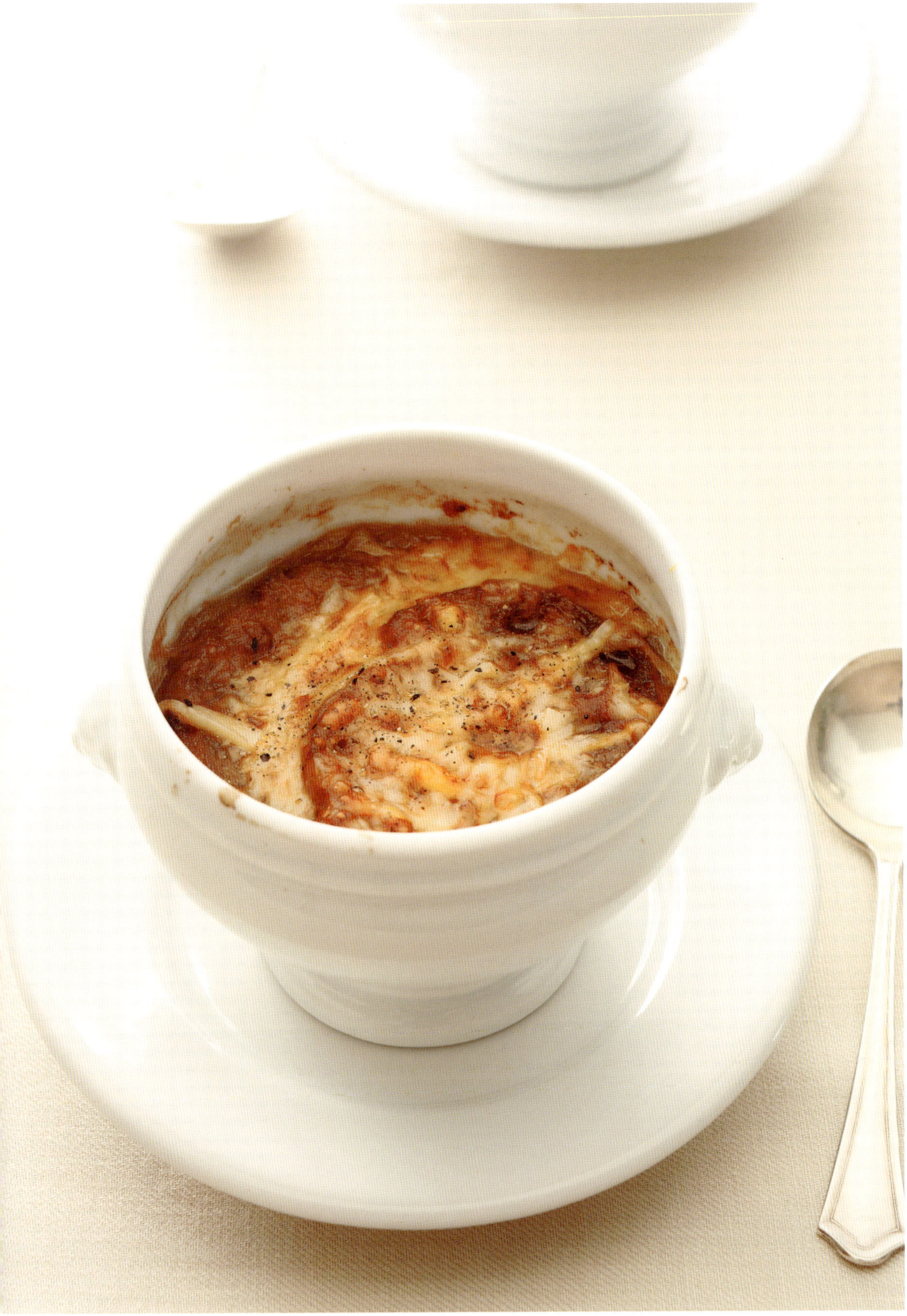

menu 73

コーンポタージュ

生のとうもろこしで作るポタージュは、すっきりとした甘さ。
とうもろこしの芯もいっしょに煮て、
おいしいエキスを余すところなくいただきます。
仕上げに、好みでクルトンを浮かべたり、
生クリームをたらしても。

材料／4人分
とうもろこし　3本
玉ねぎ　½個
バター（食塩不使用）　30g
チキンブイヨン（p.6参照）
　2カップ
水　1カップ
牛乳　1カップ
塩　小さじ1
パセリのみじん切り　少々

1　とうもろこしは半分の長さに切り、実を包丁でこそげとる。芯もとっておく。玉ねぎは薄切りにする。

2　鍋にバターを熱して玉ねぎを炒め、しんなりとしたらとうもろこしの実と芯を加え、チキンブイヨン1カップと分量の水を加えて20分ほど煮る。

3　とうもろこしの芯をとり除き、ミキサーに移して撹拌し、なめらかにする。

4　**3**を漉し、鍋に戻し入れ、残りのチキンブイヨンを加えて煮立て、牛乳を加えて温める。塩で味を調える。

5　器に注ぎ、パセリを散らす。

Soup

とうもろこしを煮るときは芯も入れる。芯からもうまみが溶け出る。

芯はとり除き、ミキサーで撹拌してなめらかなピュレ状にする。

ピュレ状になったものを万能漉し器などで漉し、鍋に戻す。このひと手間が仕上がりを左右する。

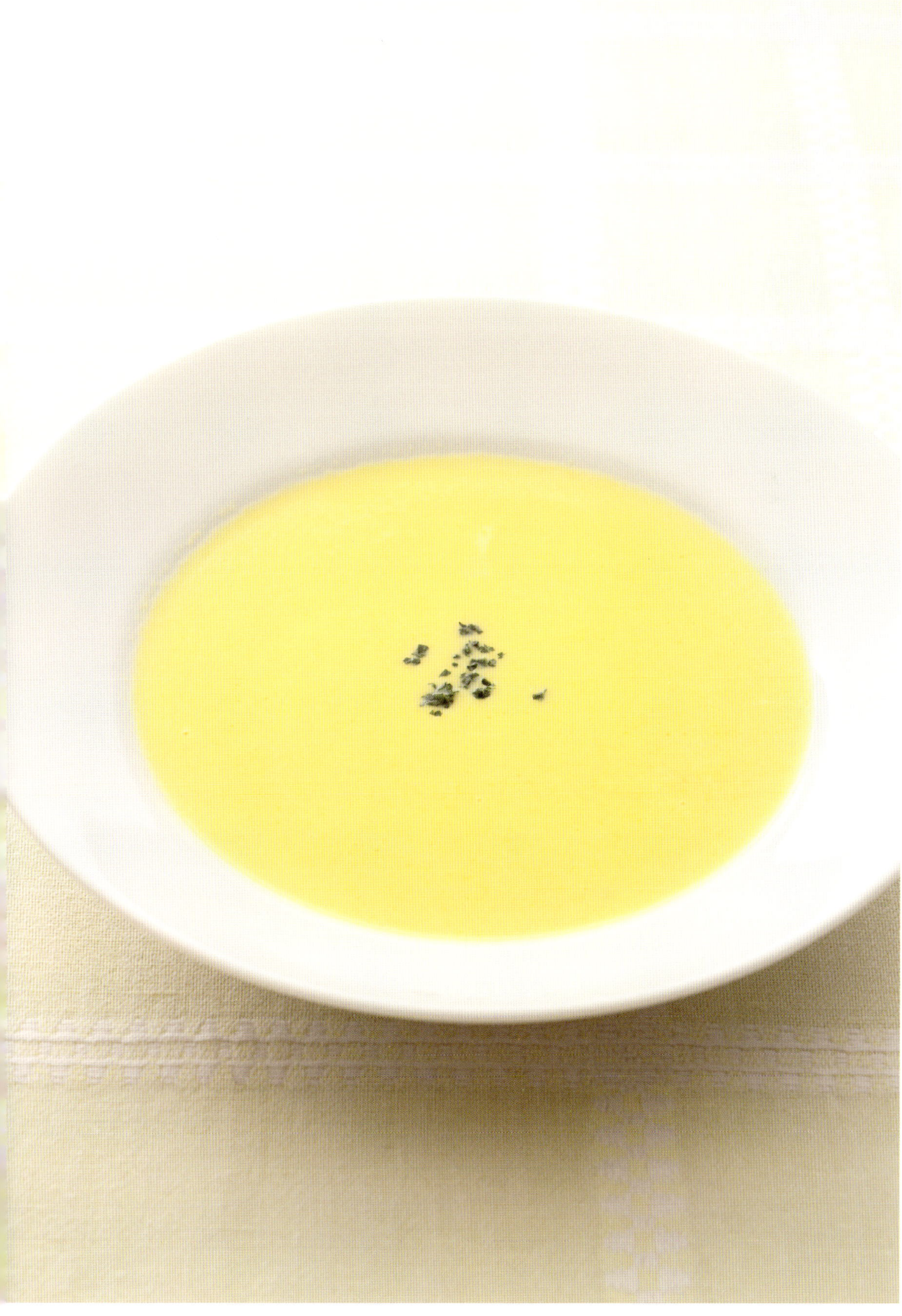

menu 74 ポタージュボンファム

口当たりのよい、ミックス野菜のポタージュ。
野菜を炒めて水で蒸し煮して、牛乳でとろみを調整します。

材料／4人分
玉ねぎ　1個
にんじん　1本
セロリ　1本
じゃがいも　2個
バター（食塩不使用）　30g
水　2カップ
牛乳　1½カップ
塩　小さじ1

1　玉ねぎは薄切りにし、にんじんは縦半分に切って薄切りにする。セロリは筋をとって薄切りにし、じゃがいもは皮をむいていちょう切りにする。

2　鍋にバターを溶かして玉ねぎを炒め、しんなりとしたらにんじん、セロリ、じゃがいもを加え、全体にしっとりとするまでよく炒める。

3　2に水¼カップを加え、ふたをしてごく弱火で10分ほど蒸し煮にする。残りの水を加え、さらに5～6分煮る。粗熱がとれたら煮汁ごとミキサーに移して撹拌し、なめらかにする。

4　3を鍋に戻し入れ、牛乳を加えて混ぜながら温め、塩で味を調える。

Soup

menu 75 懐かしいポタージュ

ベシャメルソースをチキンブイヨンでのばしただけの
シンプルな作り方。やさしい味わいにほっとなごみます。

材料／2人分
ベシャメルソース（p.4 参照）
　½カップ
チキンブイヨン（p.6 参照）
　1カップ
塩、こしょう　各少々

1　ベシャメルソースを鍋に入れて火にかけ、チキンブイヨンを加えながら泡立て器で混ぜる。ひと煮立ちさせて火を止め、塩で味を調える。
2　器に注ぎ、こしょうをふる。

menu 76 ビシソワーズ

ビシソワーズは、冷たいじゃがいものポタージュ。
玉ねぎではなく長ねぎを使い、すっきりとした味に仕上げます。

材料／4人分
じゃがいも　2個
長ねぎ　1本
オリーブオイル　大さじ2
チキンブイヨン（p.6参照）
　　2カップ
牛乳　1½カップ
塩　小さじ⅔〜1
シブレットの小口切り　適量

1　じゃがいもは皮をむいて薄いいちょう切りにする。長ねぎは小口切りにする。
2　鍋にオリーブオイルを熱して長ねぎを炒め、しんなりとしたらじゃがいもを加えてさっと炒める。
3　2にチキンブイヨンをひたひたに加えてふたをし、弱火で10分ほど蒸し煮にする。残りのチキンブイヨンを加え、じゃがいもがやわらかくなるまでさらに5〜6分煮る。粗熱がとれたら煮汁ごとミキサーに移し、撹拌してなめらかにし、漉す。
4　3を鍋に戻し入れ、牛乳を加えて混ぜながら温め、塩で味を調える。粗熱がとれたら冷蔵庫で冷やす。
5　器に注ぎ入れ、シブレットを散らす。

Soup

長ねぎを炒め、香りが出てしんなりとしたらじゃがいもを加える。この長ねぎの香りがおいしさにつながる。

menu 77 簡単コンソメスープ

コンソメスープはとても手がかかるもの。そこでおすすめなのが
比較的簡単に作れて、味はなかなかの本格派というレシピ。

材料／4人分
玉ねぎ　¼個
にんじん　¼本
セロリ　¼本
ミニトマト　4個
鶏ひき肉　200g
卵白　1個分
ビーフブイヨン（p.6参照）
　　3カップ
塩　適量

1　玉ねぎ、にんじん、セロリ、ミニトマトは薄切りにする。
2　鍋にひき肉と卵白を入れて練り混ぜる。
3　2に1を加え、ビーフブイヨンを注いで火にかける。最初はゆっくりと混ぜながら煮て、煮立ったら弱火にし、20〜25分煮る。
4　ペーパータオルまたはさらしを敷いたザルをボウルにのせ、3を静かに入れて漉す。
5　4を鍋に戻し入れて温め、塩で味を調える。

鍋に鶏ひき肉を入れ、卵白を加え、ひき肉に卵白をなじませるように手で練り混ぜる。

野菜とビーフブイヨンを加えて煮ると卵白を混ぜたひき肉が浮いてくる。これを漉せば澄んだスープがとれる。

menu 78

特製ハヤシライス

ブラウンルウから作る、本格派。
赤ワイン、ビーフブイヨンも入れた上等のハヤシです。
牛肉は表面を焼きつける程度にさっと炒めるのがポイント。

材料／4〜5人分
牛切り落とし肉　300g
玉ねぎ　1½個
マッシュルーム　6個
ブラウンルウ
　小麦粉（ふるったもの）　80g
　バター（食塩不使用）　60g
バター（食塩不使用）　20g
赤ワイン　1カップ
ビーフブイヨン（p.6参照）
　2カップ
トマトケチャップ　大さじ4
ウスターソース　大さじ3
塩　適量
砂糖　小さじ1
グリンピース（ゆでたもの）
　正味100g
ご飯　適量

1　牛肉は食べやすい大きさに切る。玉ねぎはくし形に切り、マッシュルームは石づきをとって5mm厚さに切る。

2　ブラウンルウを作る。フライパンに小麦粉を入れて弱火でじっくりと炒め、薄茶色になってきたらバターを加え、全体に褐色になるまで30〜40分炒める。

3　鍋にバター10gを溶かし、**1**の玉ねぎの半量を入れて炒め、しんなりとしたら赤ワインを注ぎ入れ、強火で半量になるまで煮詰める。**2**のブラウンルウ、ビーフブイヨン、トマトケチャップ、ウスターソースを加えて10分ほど煮てハヤシルウにする。

4　フライパンにバター10gを溶かし、牛肉を入れてさっと炒める。残りの玉ねぎとマッシュルームを加えてさらに炒め、軽く塩をふる。

5　**3**に**4**を加え、弱火で15〜20分煮る。塩小さじ2と砂糖で味を調え、グリンピースを加えてさっと煮る。

6　器にご飯を盛り、**5**をかける。

Rice

バターと小麦粉を炒めて茶色いルウを作る。これがブラウンルウ。

玉ねぎを炒めて赤ワインを煮詰めたら、ブラウンルウ、ビーフブイヨン、トマトケチャップ、ウスターソースを加える。

ハヤシルウに炒めた牛肉、玉ねぎ、マッシュルームを加えてさらに煮る。肉のうまみたっぷり。

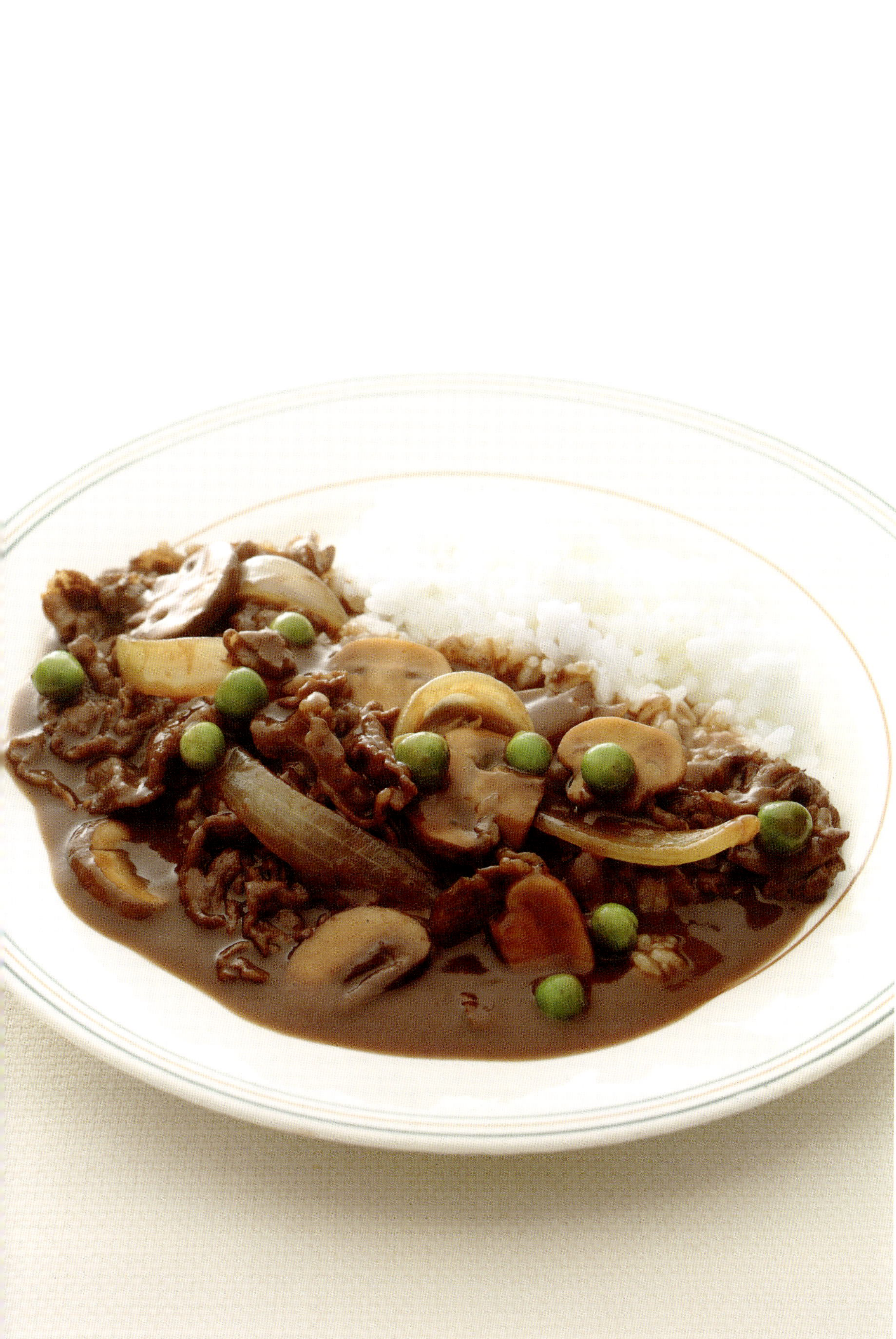

menu 79

オムライス

ふんわり卵の中は、みんなの好きなケチャップライス。
チキンライスが一般的ですが、
ここでは懐かし洋食のおいしさを再現して、
ハムライスを使います。チキンライスで作る場合はp.98参照。

材料／2人分
ハムライス
　ご飯　茶碗大2杯分
　玉ねぎ　¼個
　マッシュルーム　4個
　ハム（厚切り）　3枚
　バター（食塩不使用）　20g
　グリンピース（ゆでたもの）
　　正味60g
　塩　小さじ½
　こしょう　少々
　トマトケチャップ
　　大さじ3〜4
　トマトペースト　小さじ1
　白ワイン　少々
卵　4個
サラダ油　小さじ4
バター　適量
トマトソース（p.5参照）

1 ハムライスを作る。玉ねぎはみじん切りにし、マッシュルームは石づきをとって薄切りにする。ハムは1cm角に切る。

2 フライパンにバターを熱して玉ねぎとハムを炒め、玉ねぎがしんなりとしたらマッシュルームとグリンピースを加えて炒め合わせ、塩、こしょうをふる。トマトケチャップ、トマトペーストを加えてさらに炒める。ご飯を加え、白ワインをふり入れてほぐしながら炒め合わせ、ボウルにとる。

3 別のボウルに卵2個を割りほぐす。

4 フライパンにサラダ油小さじ2を熱し、バター少々を加えて強火で溶かし、**3**をいっきに流し入れて手早くかき混ぜる。半熟程度にかたまったら火を止め、**2**の半量をのせる。

5 フライパンを向こう側に傾けて卵をハムライスの上にかぶせ、フライパンをふって卵を返し、オムレツ形に整える。同様にしてもうひとつ作る。

6 器に盛り、トマトソースをかける。

Rice

玉ねぎとハムを炒め、玉ねぎの甘みとハムのうまみを出す。ハムは薄切りより厚切りを使いたい。

卵の上にハムライスをのせる。ある程度広げて入れた方が包みやすい。

フライパンの縁を使って卵を折り込むようにしてハムライスの上にかぶせ、ゴムベラを使って返すとよい。

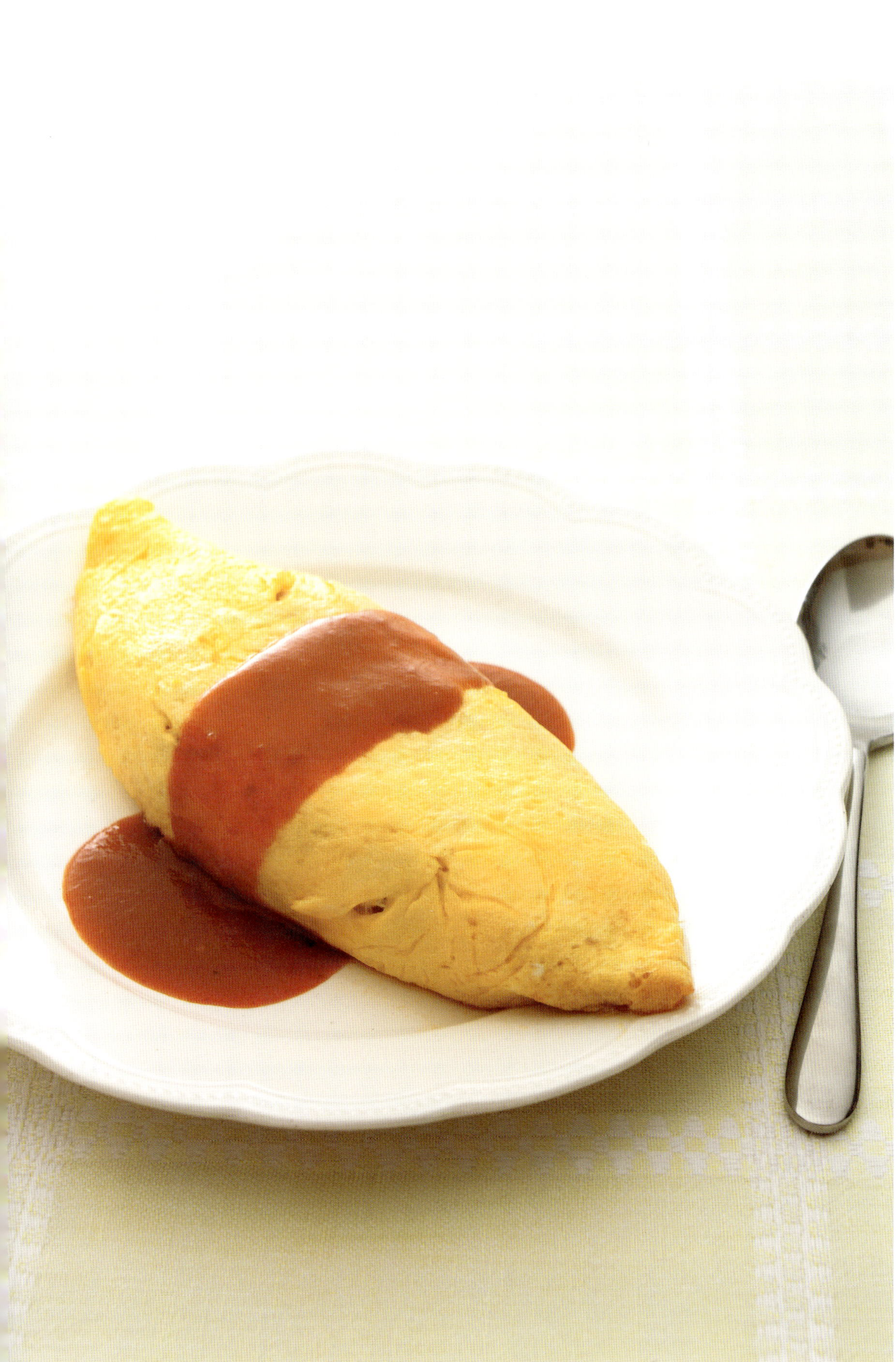

menu 80 チキンライス

トマトケチャップとトマトペーストで味つけしたチキンライスの素を作り、ここにご飯を加えて炒め合わせます。鶏肉はもも肉と胸肉を合わせて使うと、うまみや脂のバランスがとれて、ワンランク上のおいしさに。

材料／2人分
チキンライスの素
　鶏もも肉　80g
　鶏胸肉　40g
　玉ねぎ　1/4個
　マッシュルーム　4個
　バター（食塩不使用）20g
　グリンピース（ゆでたもの）
　　正味80g
　塩　小さじ1/2
　こしょう　少々
　トマトケチャップ
　　大さじ3〜4
　トマトペースト　小さじ1
ご飯　茶碗大2杯分
白ワイン　少々

1 チキンライスの素を作る。鶏肉は1cm角に切る。玉ねぎはみじん切りにし、マッシュルームは石づきをとって薄切りにする。
2 フライパンにバターを溶かして鶏肉を炒め、焼き色がついたら玉ねぎ、マッシュルーム、グリンピース（飾り用を少し残す）を加えてさらに炒め、塩、こしょう、トマトケチャップ、トマトペーストを加えてよく炒める。
3 2にご飯を加え、白ワインをふり入れてほぐしながら炒め合わせる。
4 抜き型の内側にサラダ油少々（分量外）をぬり、3の1/2量を詰め、器に出す。残しておいたグリンピースを飾る。同様にしてもうひとつ作る。

Rice

チキンライスの素にご飯を加えて炒め合わせる。チキンライスの素を作っておけば、あとはご飯を加えて炒めるだけ。

menu 81 インディアンピラフ

カレーのスパイシーな風味が鼻をくすぐる、炒めご飯です。
カレー粉の粉っぽさがなくなるまでよく炒めるのがコツ。
かくし味のしょうゆもポイントです。

材料／2人分
玉ねぎ　1/4個
ピーマン　1個
にんじん　1/4本
チョリソソーセージ　2本
サラダ油　大さじ2
塩　小さじ1/2
粗びき黒こしょう　少々
カレー粉　小さじ2
ご飯　茶碗2杯分
バター（食塩不使用）　10g
しょうゆ　小さじ1
パプリカパウダー　少々

1　玉ねぎ、ピーマン、にんじんはみじん切りにする。チョリソソーセージは1cm厚さに切る。
2　フライパンにサラダ油を熱して1の野菜を炒め、しんなりとしたらチョリソソーセージを加えてさらに炒める。
3　2に塩、こしょう、カレー粉を加えてよく炒め合わせ、ご飯を加えてさらに炒める。バターとしょうゆを加えて味を調える。
4　器に盛り、パプリカパウダーをふる。

menu 82 かにピラフ

本来ピラフは洋風炊き込みご飯のこと。
ここではちょっと贅沢に殻つきのかにを用い、
うまみたっぷりのひと皿に仕上げます。おもてなしにも喜ばれます。

材料／4人分

かに（殻つき。ゆでたもの）
　正味 200g
長ねぎ　1本
オリーブオイル　大さじ1
白ワイン　大さじ2
塩　適量
こしょう　少々
レモンの絞り汁　小さじ1
バター（食塩不使用）　20g
米　3合
チキンブイヨン（p.6参照）　540mℓ
パセリ　適量

1　かには殻から身をとり出し、殻もとっておく。長ねぎは小口切りにする。
2　フライパンにオリーブオイルを熱し、かにの殻を入れて香りが出るまで炒め、白ワインを加えて煮詰める。かにの殻はとり除き、かにの身を加え、塩少々とこしょうをふり、レモンの絞り汁を加えて火を止める。
3　鍋にバターを熱して長ねぎを炒め、しんなりとしたら米を洗わずに加え、米に油がまわって少し透明になるまで炒める。2、チキンブイヨン、塩小さじ1を加え、ふたをして強火にかけ、沸騰したら弱火にして10分ほど炊き、火を止めて10分ほど蒸らす。
4　さっくりと混ぜ合わせて器に盛り、かにの殻とパセリを添える。

Rice

かにの殻をオリーブオイルで炒め、殻からも香りを出し、白ワインを加えて煮詰める。これでうまみ倍増。

menu 83 ビーフストロガノフ

牛肉と玉ねぎのうまみ、生クリームとヨーグルトのコクが融合した
ロシア料理の定番メニュー。にんじんライスといっしょにいただきます。

材料／4人分
牛もも肉（バター焼き用）　250g
玉ねぎ　1個
サラダ油　小さじ2
塩、こしょう　各適量
バター（食塩不使用）　20g
トマトペースト　大さじ1
小麦粉　大さじ1
白ワイン　1/2カップ
フォンドボー（缶詰）　1缶（280g）
生クリーム　3/4カップ
プレーンヨーグルト　1/2カップ
ビーフブイヨン（p.6参照）
　1/4カップ
にんじんライス（p.11参照）　適量
パセリのみじん切り　適量

1　牛肉は5〜6mm幅に切る。玉ねぎは薄切りにする。
2　鍋にサラダ油を熱して牛肉を炒め、色が変わったら塩、こしょう各少々をふり、すぐにとり出す。
3　2の鍋にバターを足して玉ねぎを炒め、しんなりとしたらトマトペースト、小麦粉を加えてさらに炒める。白ワインを加えて煮詰め、フォンドボーを加えてさらに煮詰める。
4　2の牛肉を戻し入れて軽く混ぜ、生クリーム、ヨーグルト、ビーフブイヨンを加えて混ぜる。塩小さじ1、こしょう少々で味を調え、ひと煮立ちしたら火を止める。
5　4のビーフストロガノフを、型抜きをしたにんじんライスとともに器に盛り、パセリをふる。

生クリームとヨーグルト、ビーフブイヨンを加えてコクと酸味のあるクリーミーな仕上がりにする。

えびドリア

バターライスにクリーミーなベシャメルソースをかけて焼いたライスグラタン。
かくし味にトマトペーストを入れるのがポイントです。

menu
84

材料／2人分
むきえび（芝えびなど）　80g
マッシュルーム　4個
ベシャメルソース（p.4参照）
　1カップ
チキンブイヨン（p.6参照）
　½カップ
オリーブオイル　大さじ1
塩、こしょう　各少々
白ワイン　¼カップ
トマトペースト　小さじ1
グリュイエールチーズ
　（すりおろしたもの）　80g
パン粉　大さじ2
バター（食塩不使用）　10g
バターライス
　玉ねぎ　¼個
　ハム　2枚
　バター（食塩不使用）　10g
　塩、こしょう　各少々
　ご飯　茶碗大2杯分

1 バターライスを作る。玉ねぎはみじん切りにし、ハムは1cm角に切る。フライパンにバターを溶かして玉ねぎとハムを炒め、玉ねぎがしんなりとしたら塩、こしょうをふり、ご飯を加えて炒め合わせる。

2 えびは塩水でさっと洗い、ペーパータオルで水気を拭く。マッシュルームは石づきをとって5mm厚さに切る。

3 鍋にベシャメルソースを入れて火にかけ、チキンブイヨンを加えてなめらかにのばす。

4 フライパンにオリーブオイルを熱してえびとマッシュルームを炒め、塩、こしょうをふり、白ワインを注いで煮立て、トマトペーストを加えて混ぜる。**3**に加えて混ぜ合わせる。

5 耐熱皿に**1**を入れて平らにし、**4**をかけ、グリュイエールチーズ、パン粉、小さく切ったバターを順に散らし、220℃のオーブンで15分ほど焼く。

ベシャメルソースにチキンブイヨンを加えてなめらかにする。これがドリアのソースのベースになる。

Rice

menu 85 ドライカレー

レーズンの甘酸っぱさがちょっぴり懐かしい、
ご飯がすすむひき肉のカレーです。ゆで卵を添えるのが坂田流。
みじん切りにするほか、輪切りにして飾っても。

材料／4人分
合いびき肉　300g
にんにく　1かけ
しょうが　1かけ
玉ねぎ　1個
ピーマン　2個
にんじん　⅓本
レーズン　½カップ
サラダ油　大さじ2
カレー粉　大さじ4
トマトペースト　大さじ1
トマトジュース　1カップ
トマトケチャップ　大さじ3
塩　大さじ⅔～1
こしょう　少々
砂糖　大さじ1
ご飯　茶碗4杯分
ゆで卵の粗みじん切り　1個分

1　にんにく、しょうが、玉ねぎ、ピーマン、にんじんはみじん切りにする。レーズンはぬるま湯につけて戻し、水気を絞る。

2　鍋にサラダ油を熱してにんにくとしょうがを炒め、香りが出たら玉ねぎを加えて15分ほどじっくりと炒め、ピーマンとにんじんを加えて炒め合わせる。

3　ひき肉を加えてさらに炒め、肉の色が変わってパラパラになったら、カレー粉を加えてさらに炒める。

4　トマトペースト、トマトジュース、トマトケチャップを加え、弱めの中火で10分ほど煮る。塩、こしょう、砂糖で味を調え、レーズンを加えて混ぜる。

5　器にご飯を盛って**4**をかけ、ゆで卵の粗みじん切りをのせる。

menu 86

ビーフカレー

玉ねぎをあめ色になるまでじっくり炒めて作るカレーベースが
おいしさの秘密。
りんごとにんじんのすりおろし、トマトを加え、
フルーツと野菜の甘みで、味にまろやかさと奥行きを出します。

材料／4～5人分

カレーベース
- 玉ねぎ　2個
- にんにく　2かけ
- しょうが　2かけ
- ラード　80g
- カレー粉　大さじ4
- 小麦粉　40g

牛バラ肉（ブリスケまたはカレー用）　600g
りんご　1個
にんじん　1本
トマト　1個
マッシュルーム　6～7個
ビーフブイヨン（p.6参照）　3カップ
サラダ油　適量
塩、粗びき黒こしょう　各適量
バター（食塩不使用）　10g
サフランライス（p.11参照）　適量

1　カレーベースを作る。玉ねぎは薄切りにし、にんにくとしょうがはみじん切りにする。鍋にラードを溶かし、にんにくとしょうがを揚げるようにして炒め、香りが出たら玉ねぎを加え、あめ色になるまで30～40分炒める。カレー粉を加えて炒め、香りが立ったら小麦粉を加えてよく炒める。

2　りんごは皮をむいてすりおろし、にんじんもすりおろす。トマトは皮を湯むきして種をとり、乱切りにする。マッシュルームは石づきをとって半分に切る。

3　**1**の鍋に**2**のりんご、にんじん、トマト、ビーフブイヨンを加え、弱火で20分ほど煮る。

4　牛肉は4～5cm角に切り、サラダ油を熱したフライパンで焼く。しっかりと焼き色がついたら**3**に加える。

5　**4**のフライパンにビーフブイヨン少々（分量外）を入れ、フライパンの焼き焦げをこそげて**3**の鍋に加え、弱火で2時間ほど煮込む。塩、こしょうで味を調える。

6　フライパンにバターを溶かしてマッシュルームをさっと炒め、**5**に加えて混ぜる。

7　器にサフランライスを盛り、**6**をかける。

Rice

にんにくとしょうがが、玉ねぎを炒め、あめ色になったらカレー粉を加え、香りが立つまで炒める。

りんごのすりおろし、にんじんのすりおろし、トマトを加え、フルーツと野菜のおいしさをプラスする。

牛肉は表面をしっかりと焼いて加える。焼いてから加えるとうまみが外に出ない。

フライパンに残った牛肉の焼き焦げをビーフブイヨンでこそげ、これも鍋に足す。さらにうまみがプラスされる。

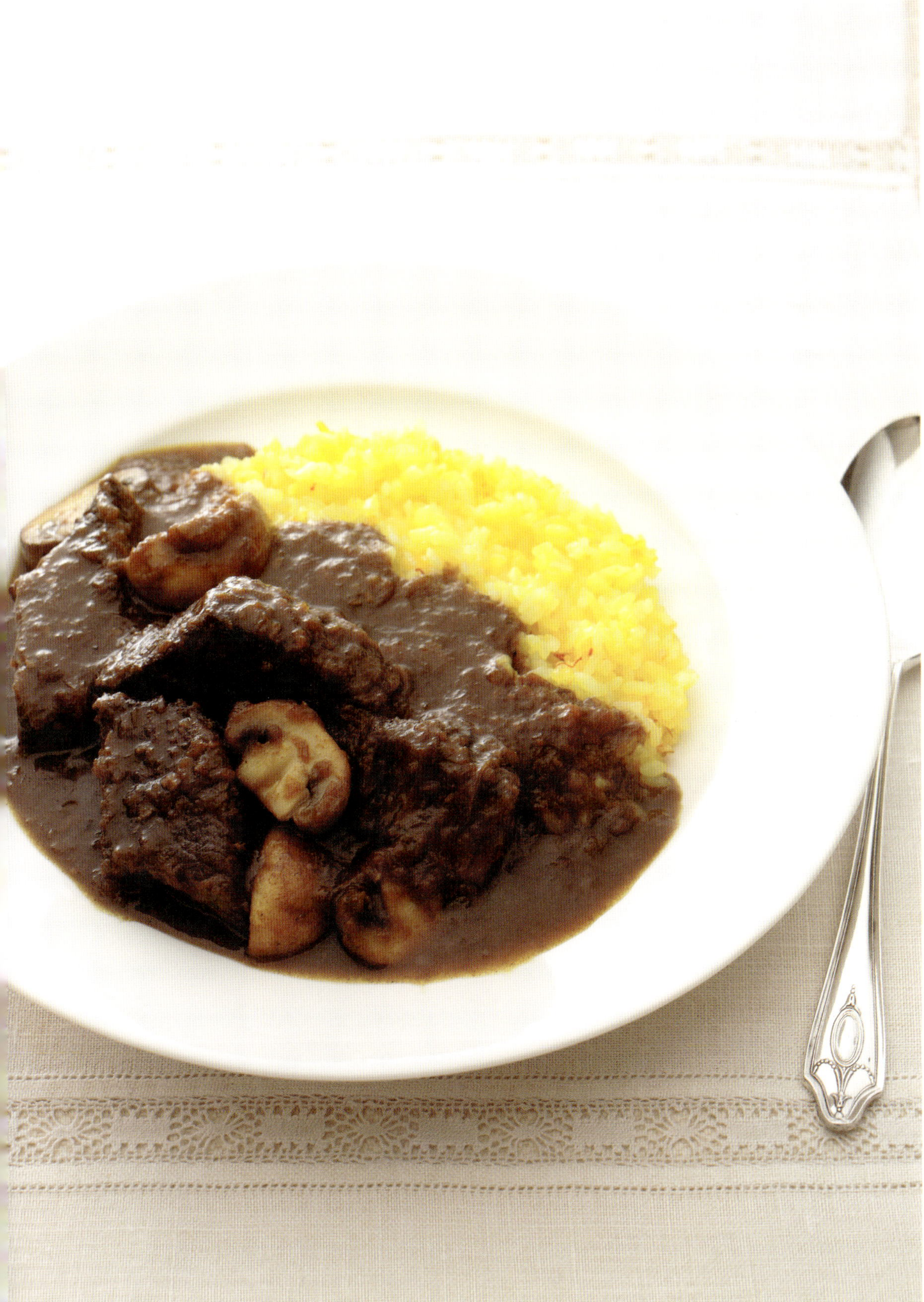

menu 87

ポークカレー

時間のあるときに豚肉をゆでておき、
上にかたまった脂をとり除いて使います。
このゆで汁でルウを仕上げるから、
思いのほか、あっさりとした食べ心地。
いつ食べても飽きない、また食べたくなるおいしさです。

材料／4〜5人分
豚バラ肉（かたまり）　600g
水　5カップ
セロリ　½本
ローリエ　1枚
じゃがいも　大2個
しょうが　2かけ
にんにく　小2かけ
にんじん　1本
りんご　小1個
玉ねぎ　1個
トマト　大1個
バター（食塩不使用）　30g
カレー粉　大さじ3
小麦粉（ふるったもの）　大さじ2
塩　適量
ウスターソース　小さじ1
しょうゆ　小さじ1
ご飯　適量
ゆで卵の輪切り　適量
らっきょう漬け、福神漬け
　各適量

1　鍋にたっぷりの湯を沸かし、豚肉を3〜4cm角に切って入れ、ゆでこぼす。新たに分量の水を注ぎ、セロリとローリエを入れてふたをし、豚肉がやわらかくなるまで弱火で1時間ほどゆでる。そのまま数時間〜ひと晩おき、上面にかたまった脂をとり除く。

2　じゃがいもは皮をむいて大きめのひと口大に切り、1に加え、じゃがいもがやわらかくなるまでゆでる。セロリとローリエをとり除く。

3　しょうが、にんにく、にんじんはすりおろし、りんごは皮をむいてすりおろす。玉ねぎは薄切りにし、トマトは皮を湯むきして種をとり、乱切りにする。

4　鍋にバターを溶かし、しょうが、にんにく、玉ねぎを入れ、あめ色になるまで30〜40分炒める。にんじんとトマトを加えてさらに炒め、カレー粉、小麦粉を加えて炒め合わせる。

5　4の鍋に2のスープを少しずつ加えてのばし、豚肉とじゃがいもを入れ、りんごを加えて20分ほど煮る。塩で味を調え、ウスターソース、しょうゆを加え、ひと煮する。

6　器にご飯を盛り、5をかけ、ゆで卵をのせる。らっきょう漬け、福神漬けを添える。

Rice

豚肉をゆでて脂をとり除いたら、じゃがいもを加えてゆでる。

カレー粉と小麦粉を加え、よく混ぜてなじませる。粉っぽさが残らないようにする。

豚肉とじゃがいものゆで汁を加えてのばし、ルウにする。このあと豚肉とじゃがいもも入れる。

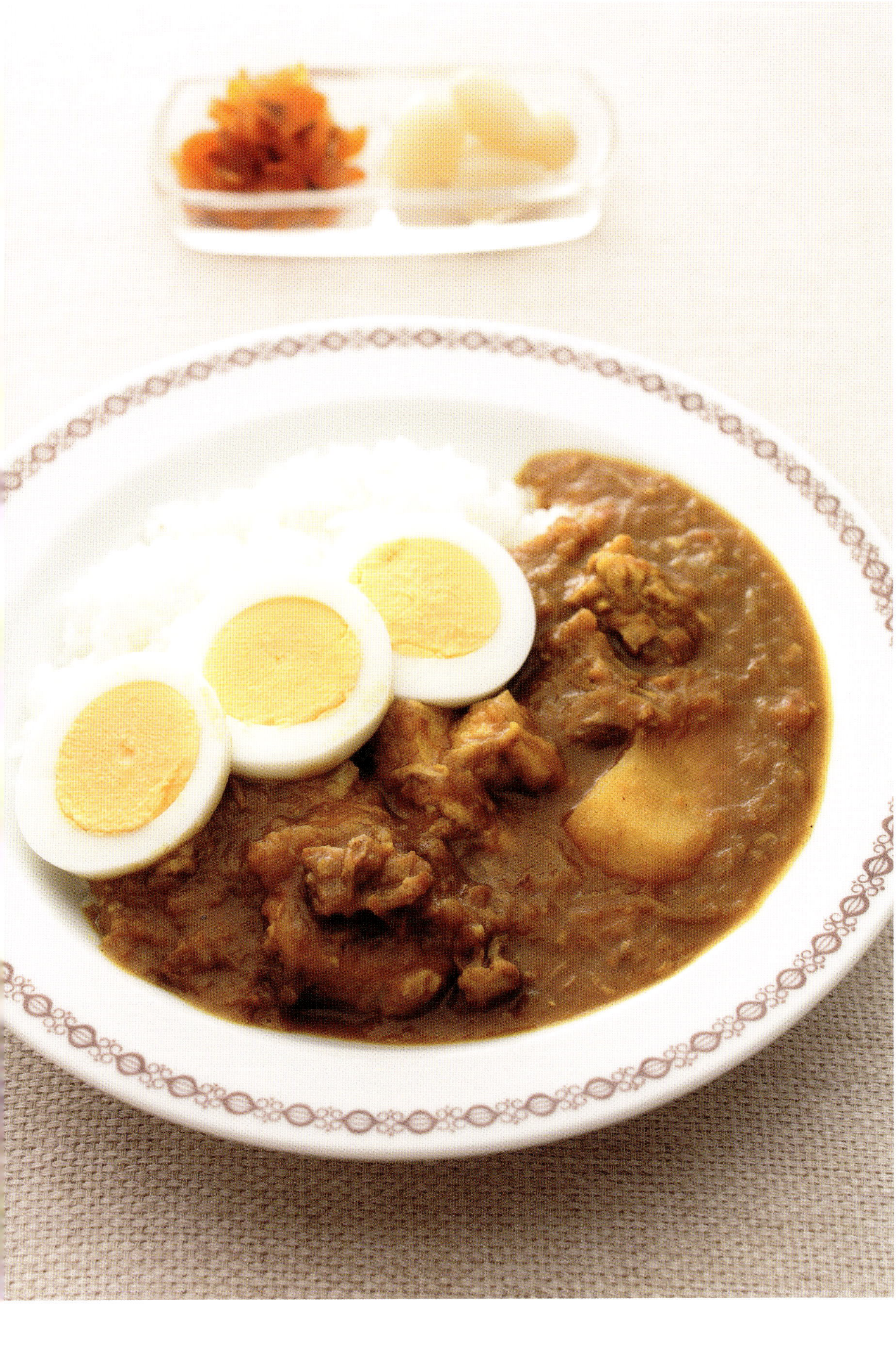

menu 88

スパゲッティ　ミートソース

鍋で煮込んだミートソースもおいしいですが、
ここで紹介するのは、うまみを逃さないオーブン仕上げ。
ひき肉は牛肉100％、赤ワインをたっぷり使った、本格派です。

材料／2人分
ミートソース（作りやすい分量）
　牛ひき肉　500g
　にんにく　2かけ
　玉ねぎ　1個
　セロリ　1本
　にんじん　⅓本
　マッシュルーム　6個
　ホールトマト缶　1缶
　オリーブオイル　大さじ2
　バター（食塩不使用）　30g
　赤ワイン　1カップ
　塩、こしょう　各適量
　ローリエ　1枚
　パルメザンチーズのすりおろし
　　大さじ3
スパゲッティ　200g
パルメザンチーズのすりおろし
　適量

1　にんにく、玉ねぎ、セロリ、にんじんはみじん切りにし、マッシュルームは石づきをとってみじん切りにする。ホールトマトはつぶし、ザルで漉す。

2　フライパンにオリーブオイルを熱してひき肉を炒め、色が変わったらザルに上げて油をきる。

3　鍋（オーブンに入れられるもの）にバターを溶かしてにんにくを炒め、香りが出たら玉ねぎ、セロリ、にんじんを加えてさらに炒め、マッシュルームを加えて全体がしっとりとするまで炒める。

4　**2**のひき肉と赤ワインを加えて強火で煮詰め、**1**のホールトマトを加え、軽く塩、こしょうをふり、ローリエを加える。

5　**4**にふたをし、180℃のオーブンで1時間ほど蒸し焼きにする。オーブンから出して全体に混ぜ、塩で味を調える。パルメザンチーズを加えて混ぜる。

6　スパゲッティは塩少々（分量外）を加えた熱湯で表示通りにゆで、ザルに上げ、オリーブオイル少々（分量外）をまぶす。

7　器にスパゲッティを盛り、**5**を適量かける。パルメザンチーズを添える。

Pastas

ひき肉はざっと炒めてザルにあけ、油をきる。これで肉臭さがやわらぐ。

にんにく、玉ねぎ、セロリ、にんじんを炒めたら、マッシュルームを加えて炒めて香りを出す。

オーブンで1時間ほど蒸し焼きにして、ミートソースを作る。

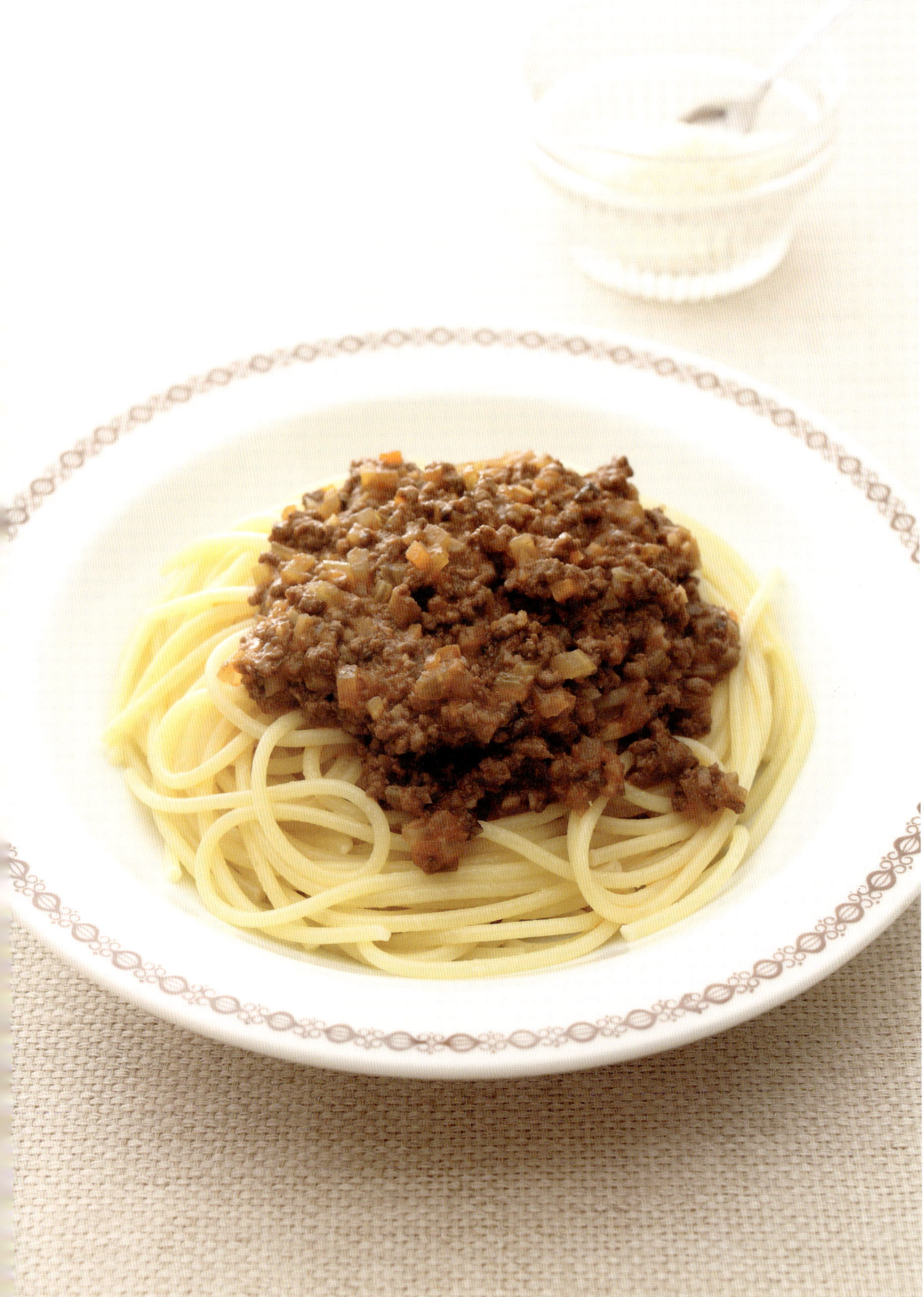

ミートボールスパゲッティ

menu 89

合いびき肉で作るやさしい味のミートボールを
トマトソースでさっと煮込みます。
ゆでたてのスパゲッティにたっぷりかけて召し上がれ。

材料／2人分

ミートボール
- 合いびき肉　250g
- 卵　½個
- 塩、こしょう　各少々
- 生パン粉　大さじ3
- 牛乳　大さじ3
- オリーブオイル　大さじ1
- にんにく　1かけ
- 玉ねぎ　¼個
- セロリ　½本
- ホールトマト缶　1缶
- オリーブオイル　大さじ2
- トマトケチャップ　大さじ2
- 塩　少々
- スパゲッティ　200g
- パルメザンチーズのすりおろし、
  パセリのみじん切り　各適量

1　ミートボールを作る。ボウルにひき肉、卵、塩、こしょう、パン粉、牛乳を入れてよく混ぜ合わせ、直径2～3cmくらいに丸める。

2　フライパンにオリーブオイルを熱して**1**を入れ、ときどき転がしながら表面を焼きつけ、とり出す。フライパンはペーパータオルで拭いてきれいにする。

3　にんにく、玉ねぎ、セロリはみじん切りにする。ホールトマトはつぶし、万能漉し器で漉す。

4　**2**のフライパンにオリーブオイルを熱してにんにくを炒め、香りが出たら玉ねぎ、セロリを加えてさらに炒め、**3**のホールトマトとトマトケチャップを加えて5分ほど煮る。**2**のミートボールを加えてさらに5～6分煮、塩で味を調える。

5　スパゲッティは塩少々（分量外）を加えた熱湯で表示通りにゆで、ザルに上げ、オリーブオイル少々（分量外）をまぶす。

6　器にスパゲッティを盛り、**4**をかけ、パルメザンチーズとパセリをふる。

Pastas

ミートボールはときどき転がしながら焼き色をつける。あとで煮るので中まで完全に火が通っていなくてもよい。

ホールトマトはゴムベラなどを使って漉す。このひと手間で口当たりのよいソースになる。

にんにく、玉ねぎ、セロリを炒め、それぞれの野菜の香りを出す。

野菜を炒めたら漉したホールトマトを加え、トマトケチャップも入れ、トマトソースを作る。

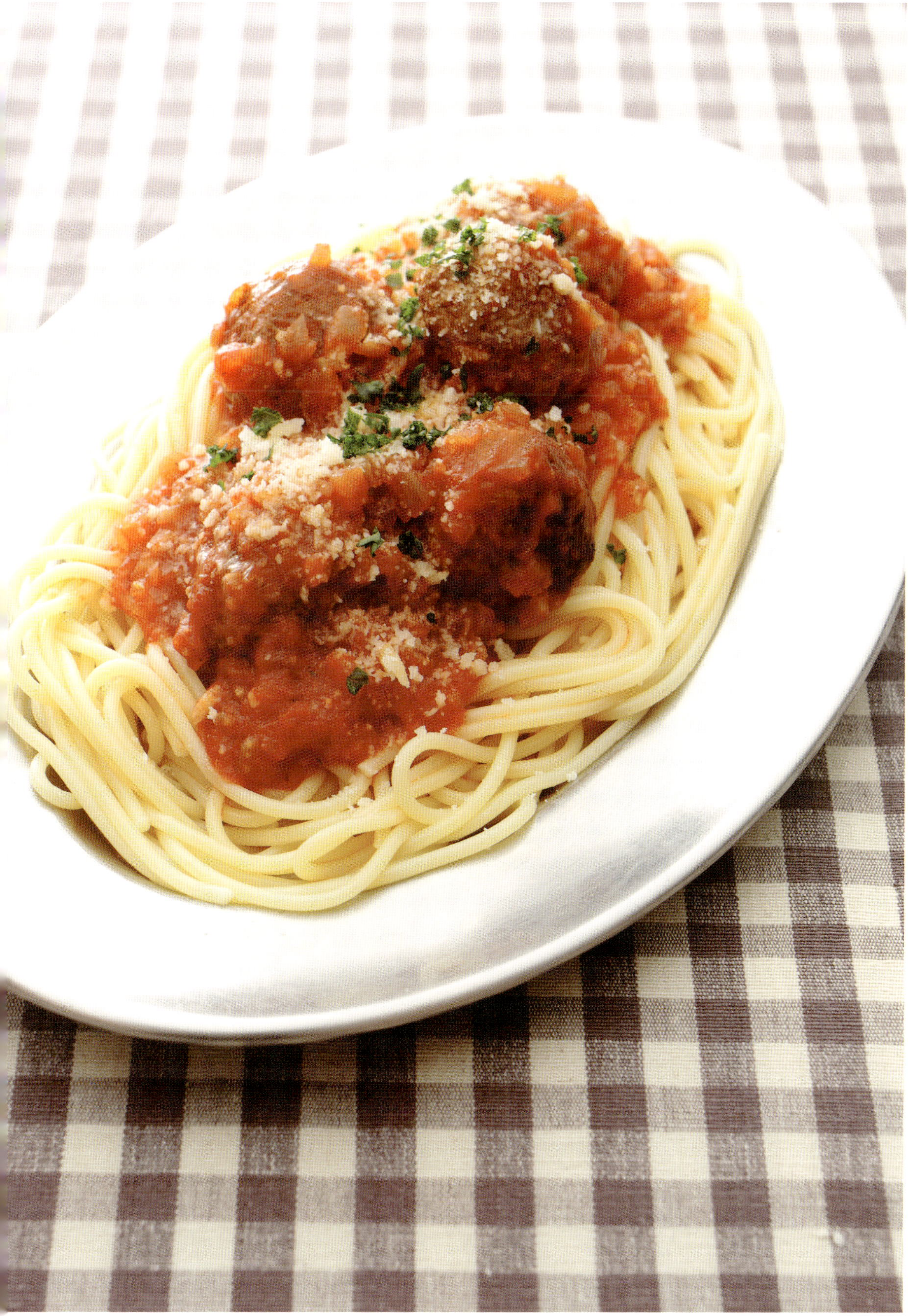

スパゲッティ ナポリタン

menu 90

トマトケチャップだけではベチャッとしがち。
トマトペーストを併用すると、うまみが増してレストラン風の味わいに。
スパゲッティは太めのものが合います。ここでは1.9mmのものを使用。

材料／2人分
スパゲッティ　200g
玉ねぎ　½個
ピーマン　1個
マッシュルーム　3個
ベーコン（かたまり）　100g
サラダ油　大さじ4
トマトペースト　小さじ2
トマトケチャップ　大さじ5
バター（食塩不使用）　20g
塩　小さじ⅔
こしょう　少々
パルメザンチーズのすりおろし
　適量

1　玉ねぎは細めのくし形に切り、ピーマンは種をとって細切りにする。マッシュルームは石づきをとって薄切りにし、ベーコンは細切りにする。

2　フライパンにサラダ油を熱してベーコンを炒め、玉ねぎ、ピーマン、マッシュルームを加えてさらに炒める。トマトペースト、トマトケチャップを加えてよく炒め合わせる。

3　スパゲッティは塩少々（分量外）を加えた熱湯で表示通りにゆで、ザルに上げる。ゆで汁は¼カップほどとっておく。

4　2に3のゆで汁を加えて強火で煮立てながらなじませ、バター、3のスパゲッティを加えて炒め合わせ、塩、こしょうで味を調える。

5　器に盛り、パルメザンチーズをふる。好みでタバスコ（分量外）をかける。

Pastas

具を炒めたらトマトペースト、トマトケチャップを加え、からめるようにしてよく炒める。

スパゲッティ　カルボナーラ

menu 91

卵、生クリーム、パルメザンチーズを組み合わせたおいしさは不滅。
卵に火を入れすぎないようにするのがコツです。
ベーコンはかたまりのものを拍子木に切って使うのがおすすめ。

材料／2人分
スパゲッティ　160g
ベーコン（かたまり）　80g
卵　3個
塩　適量
粗びき黒こしょう　適量
生クリーム　大さじ2
パルメザンチーズのすりおろし
　大さじ4
オリーブオイル　少々

1　ベーコンは6〜7mm厚さに切り、さらに1cm幅に切る。
2　ボウルに卵を割りほぐし、塩、こしょう各少々、生クリーム、パルメザンチーズを加えて混ぜる。
3　スパゲッティは塩少々（分量外）を加えた熱湯でゆで、表示時間の1分ほど前にザルに上げる。ゆで汁は大さじ3〜4をとっておく。
4　フライパンにオリーブオイルを熱して1をじっくりと炒め、脂が出たらゆで汁を加えてなじませ、スパゲッティを加える。
5　いったん火から下ろして2を加え、再び火にかけてゴムベラなどで全体に混ぜ、途中数回火から下ろしながら、ソースがスパゲッティにからまるまで混ぜる。塩少々で味を調える。
6　器に盛り、こしょうをたっぷりとふる。

menu 92 あさりのスパゲッティ

あさりのうまみをスパゲッティとともに味わうシンプルレシピ。
かくし味にしょうゆを加え、日本人の味覚に合う仕上がりに。

材料／2人分

スパゲッティ　200g
にんにく　1かけ
あさり（殻つき）　200g
オリーブオイル　大さじ2
赤唐辛子（種をとったもの）　1本
白ワイン　大さじ3
バター（食塩不使用）　10g
塩　小さじ1/2
しょうゆ　小さじ1
あさつきの小口切り　大さじ2

1　にんにくはみじん切りにする。あさりは洗い、塩水につけて砂出しする。
2　フライパンにオリーブオイルとにんにくを入れて火にかけ、香りが出たら赤唐辛子とあさりを加えて炒め、白ワインをふる。ふたをして弱火で1～2分、あさりの口が開くまで蒸し煮する。
3　スパゲッティは塩少々（分量外）を加えた熱湯でゆで、表示時間の1分ほど前にザルに上げる。ゆで汁は1/2カップ弱をとっておく。
4　2に3のゆで汁を加えてフライパンをゆすり、バターを加える。塩、しょうゆで味を調え、3のスパゲッティを加えて手早くあえる。
5　器に盛り、あさつきを散らす。

Pastas

menu 93 きのこの和風スパゲッティ

にんにくと赤唐辛子を利かせつつ、バターとしょうゆがほんのり香る和テイスト。きのこは2〜3種類入れると味が複雑になっておいしい。

材料／2人分
- しめじ　1パック
- 生しいたけ　2個
- マッシュルーム　4個
- にんにく　1かけ
- ベーコン（かたまり）　60g
- オリーブオイル　大さじ3
- 赤唐辛子（種をとったもの）　1本
- スパゲッティ　200g
- 白ワイン　大さじ2
- バター（食塩不使用）　10g
- 塩　小さじ1/3
- しょうゆ　小さじ2

1 しめじは小房に分け、生しいたけは石づきをとって4等分にし、マッシュルームは石づきをとって6〜7mm厚さに切る。にんにくはみじん切りにする。ベーコンは5mm厚さに切り、さらに5mm幅に切る。

2 フライパンにオリーブオイルとにんにくを入れて火にかけ、香りが出たら赤唐辛子、ベーコン、しめじ、生しいたけ、マッシュルームを加えて炒める。

3 スパゲッティは塩少々（分量外）を加えた熱湯でゆで、表示時間の1分ほど前にザルに上げる。ゆで汁は1/2カップ弱をとっておく。

4 **2**に白ワインを入れて強火で煮詰め、**3**のゆで汁とバターを加え、フライパンをふって全体になじませる。スパゲッティを入れて手早くあえ、塩、しょうゆで味を調える。

マカロニグラタン

ベシャメルソースにチキンブイヨンと生クリームを加えてグラタンソースにします。たまに食べたくなる、記憶に残る味。

menu 94

Pastas

材料／4人分
マカロニ　100g
鶏もも肉、鶏胸肉　各100g
玉ねぎ　½個
マッシュルーム　7～8個
ゆで卵　2個
サラダ油　大さじ1
塩　小さじ1
こしょう　少々
白ワイン　¼カップ
ベシャメルソース (p.4参照)
　3カップ
チキンブイヨン (p.6参照)　¼カップ
生クリーム　大さじ2
グリュイエールチーズの
　すりおろし　100g
パン粉　適量
バター (食塩不使用)　大さじ1
パセリのみじん切り　少々

1　マカロニはサラダ油少々（分量外）を加えた熱湯で表示通りにゆで、ザルに上げ、オリーブオイル少々（分量外）をまぶす。
2　鶏肉は1cm角に切る。玉ねぎは薄切りにし、マッシュルームは石づきをとって薄切りにする。ゆで卵はフォークの背などで粗くつぶす。
3　フライパンにサラダ油を熱して玉ねぎを炒め、鶏肉を加えて焼き色がつくまで炒め、マッシュルームを加えてさらに炒める。塩、こしょうをふり、白ワインを入れて強火で煮詰める。
4　鍋にベシャメルソース、チキンブイヨン、生クリームを入れて混ぜながら温める。
5　**4**に**3**を混ぜ、**1**とゆで卵を加えてあえる。
6　**5**をバター（分量外）を薄くぬったグラタン皿に入れ、グリュイエールチーズ、パン粉をふり、小さく切ったバターをところどころにのせる。220℃のオーブンで15～20分焼き、パセリを散らす。

menu 95 トマトソースのマカロニグラタン

こっくりとした味わいのトマトソースをかけて焼いた、
ちょっぴり懐かしいテイストのマカロニ料理。
ベシャメルソースのグラタンとはまた違ったおいしさです。

材料／2人分
マカロニ　100g
玉ねぎ　¼個
ベーコン　60g
むきえび　100g
オリーブオイル　大さじ1
白ワイン　大さじ2
塩、こしょう　各少々
チキンブイヨン（p.6参照）　¼カップ
トマトソース（p.5参照）　1カップ
エダムチーズのすりおろし
　　100g

1　マカロニはサラダ油少々（分量外）を加えた熱湯で表示通りにゆで、ザルに上げる。
2　玉ねぎは薄切りにし、ベーコンは細切りにする。むきえびは塩水でさっと洗い、ペーパータオルで水気を拭く。
3　フライパンにオリーブオイルを熱して玉ねぎを炒め、しんなりとしたらベーコンを加えてさらに炒め、むきえびを加えてさっと炒める。白ワインを入れて煮詰め、塩、こしょうをふる。
4　1のマカロニを3に入れ、チキンブイヨンを加えて汁気がなくなるまで煮詰める。
5　4をバター（分量外）を薄くぬったグラタン皿に入れ、トマトソースをかけ、エダムチーズをふり、220℃のオーブンで焼き色がつくまで15分ほど焼く。

menu 96

ハンバーグサンド

ハンバーグを少し薄めに形作って焼き上げ、
トマトソースといっしょにサンドします。
シャキシャキのきゅうりがアクセント。
パンはカリッと片面焼きが坂田スタイルです。

材料／2人分

ハンバーグ
　牛ひき肉　150g
　豚ひき肉　50g
　玉ねぎ　¼個
　卵　⅓個
　生パン粉　⅓カップ
　牛乳　大さじ2
　ナツメグ、塩、こしょう　各少々
　サラダ油　適量
きゅうり　1本
サラダ菜　3〜4枚
食パン（6枚切り）　4枚

辛子バター
　バター（有塩）　20g
　フレンチマスタード　小さじ1
　（もしくは練り辛子小さじ½）
トマトソース（p.5参照）　適量
きゅうりのピクルス、パセリ
　各適量

1　ハンバーグを作る。玉ねぎはみじん切りにし、サラダ油小さじ1を熱したフライパンで炒め、バットに広げ、粗熱をとる。

2　ボウルに牛ひき肉、豚ひき肉、**1**、卵、パン粉、牛乳、ナツメグ、塩、こしょうを入れてよく練り混ぜ、2等分にする。手にサラダ油少々（分量外）をつけ、空気を抜くようにしてまとめ、薄めの小判形に整える。

3　フライパン（オーブンに入れられるもの）にサラダ油大さじ2を熱し、**2**を入れ、焼き色がついたらひっくり返す。フライパンごと天板にのせ、200℃のオーブンで7〜8分焼いて中まで火を通す。

4　きゅうりはパンの長さに合わせて縦薄切りにする。

5　辛子バターを作る。バターは室温でやわらかくし、マスタードを加えて混ぜる。

6　食パンは耳を切り落として2枚重ねてオーブントースターで焼き、焼けていない面に辛子バターをぬる。1枚にきゅうりを並べてサラダ菜をおき、ハンバーグをのせてトマトソースをかけ、もう1枚のパンではさむ。これをもうひとつ作る。

7　半分に切って器に盛り、ピクルスとパセリを添える。

ハンバーグはパンにはさみやすいように薄めに形作る。

パンは2枚重ねてオーブントースターで焼き、片面だけカリッと焼く。

きゅうり、サラダ菜、ハンバーグの順にのせ、トマトソースをかける。

Sandwich

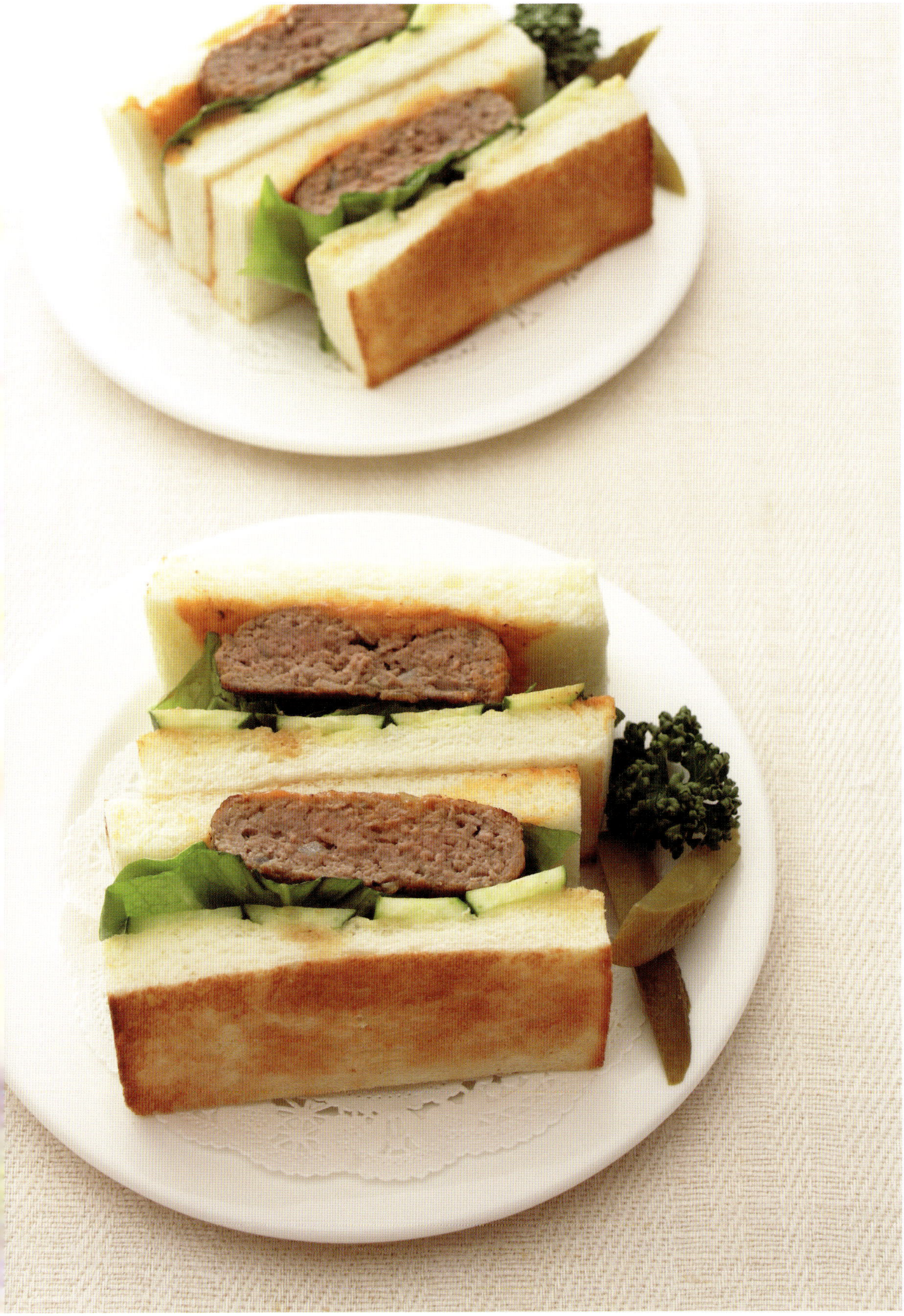

ビーフカツサンド

menu 97

牛ヒレ肉を使った、洋食ならではの贅沢なサンドイッチ。
ビーフカツレツをデミグラスソースにくぐらせてサンドします。

材料／2人分
ビーフカツレツ（p.30参照）　2枚
デミグラスソース（p.8参照）　適量
食パン（6枚切り）　4枚
バター（食塩不使用）　適量
ミックスピクルス（p.69参照）
　適量

1　デミグラスソースは温める。
2　食パンは耳を切り落として2枚重ねてオーブントースターで焼き色がつくまで焼き、焼けていない面にバターをぬる。
3　ビーフカツレツを1のデミグラスソースにくぐらせて食パンの上にのせ、もう1枚のパンではさむ。これをもうひとつ作る。
4　手で軽く押さえてなじませ、3等分に切り分けて器に盛り、ピクルスを添える。

デミグラスソースにくぐらせたビーフカツレツを食パンにのせ、はさむ。

Sandwich

menu 98 ローストビーフサンド

ローストビーフと相性のよいクレソン、即席ベアルネーズのとり合わせ。
レモンバターをぬったパンではさむと、おいしさが倍増！

材料／2人分
ローストビーフ（p.26参照）
　薄切り2枚
クレソン　½束
ラディッシュ　2〜3個
レモンバター
　バター（有塩）　30g
　レモンの絞り汁　小さじ1
　レモンの皮のすりおろし
　　½個分
即席ベアルネーズソース
　（作りやすい分量）
　卵黄　1個分
　マヨネーズ（p.9参照）　大さじ4
　フレンチマスタード　小さじ1
　塩、こしょう　各少々
　ウスターソース　小さじ½
食パン（8枚切り）　4枚

1　クレソンは洗って水に放し、ペーパータオルで水気を拭く。ラディッシュは薄い輪切りにする。
2　レモンバターを作る。バターは室温でやわらかくし、レモンの絞り汁とレモンの皮を混ぜる。
3　即席ベアルネーズソースを作る。ボウルに卵黄、マヨネーズ、フレンチマスタード、塩、こしょうを入れて混ぜ合わせ、ウスターソースを加えてさらに混ぜる。
4　食パンは2枚1組にし、片面にレモンバターをぬり、クレソンとラディッシュをおいてローストビーフ1枚をたたんでのせ、ベアルネーズソース適量をかける。もう1枚のパンではさむ。これをもうひとつ作る。
5　手で軽く押さえてなじませ、耳を切り落として3等分に切り分ける。

menu 99 ミックスサンド

ハム＆きゅうり、ゆで卵＆マヨネーズを具にした、定番のコンビ。
辛子バターの辛子は、ツンとした辛さのマスタードもしくは練り辛子がおすすめ。

材料／2人分
きゅうり　1本
ハム　2枚
ゆで卵　2個
塩、こしょう　各少々
マヨネーズ（p.9参照）　大さじ3
辛子バター
　バター（有塩）　20g
　フレンチマスタード　小さじ1
　（もしくは練り辛子小さじ½）
食パン（12枚切り）　8枚
パセリ　適量

1　きゅうりは3等分の長さに切り、縦1〜2mm厚さの薄切りにする。ペーパータオルにはさんで水気をとる。

2　ゆで卵はみじん切りにし、塩、こしょう、マヨネーズを加えて混ぜる。

3　辛子バターを作る。バターは室温でやわらかくし、マスタードを加えて混ぜる。

4　食パンは2枚1組にし、片面に辛子バターをぬる。そのうち2組には、きゅうりをすき間なく並べ、ハムを1枚おき、もう1枚のパンではさむ。残り2組には**2**をのせてはさむ。

5　ラップで包んで少し落ち着かせ、耳を切り落として食べやすい大きさに切り分け、器に盛ってパセリを添える。

Sandwich

menu 100 ふんわり卵サンド

卵には牛乳を加え、強火で手早く混ぜて半熟状に火を通す、
これが"ふんわり"のポイント。パンもやわらかタイプのものが合います。

材料／2人分
食パン（8枚切り）　4枚
マヨネーズ（p.9参照）
　大さじ2〜3
卵　2個
塩　小さじ1/4
バター（食塩不使用）　20g
きゅうりのピクルス　適量

1　食パンは2枚1組にし、片面にマヨネーズをぬる。
2　ボウルに卵を割りほぐし、塩を加えて混ぜる。
3　フライパンにバターを溶かし、**2**をいっきに流し入れて強火で手早くかき混ぜ、半熟状になったら**1**のパンにのせてはさむ。
4　手で軽く押さえてなじませ、耳を切り落として3等分に切り分け、器に盛ってピクルスを添える。

卵を半熟に火を通し、すぐに食パンでサンドする。食パンにはあらかじめマヨネーズをぬっておく。

食べたい素材で探す index

...... 肉

■牛肉
ローストビーフ　26
ヒレステーキ　28
サーロインステーキ　29
ビーフカツレツ　30
ビーフシチュー　32
タンシチュー　34
ボルシチ　36
特製ハヤシライス　94
ビーフストロガノフ　101
ビーフカレー　104
ビーフカツサンド　120
ローストビーフサンド　121

■鶏肉
チキンソテー　46
チキンカツレツ　48
フライドチキン　49
チキンのクリーム煮　50
チキンのマデイラ煮込み　52
チキンライス　98
マカロニグラタン　116

■豚肉
ポークベーコン巻き　38
ポークジンジャー　40
スペアリブのロースト　41
ポークカツレツ　42
ポークのトマト煮　44
ポークカレー　106

■ひき肉
ハンバーグ　12
煮込みハンバーグ　14
スコッチエッグ　16
メンチカツ　18
ポテトコロッケ　20
ミートクロケット　22
ロールキャベツ　24
ドライカレー　103
スパゲッティ　ミートソース　108
ミートボールスパゲッティ　110
ハンバーグサンド　118

...... 肉加工品

■ソーセージ
インディアンピラフ　99

■ハム
ミートクロケット　22
チキンのマデイラ煮込み　52
コンビネーションサラダ　76
ポテトサラダ　79
ハムエッグ　83
オムライス　96
ミックスサンド　122

■ベーコン
ポークベーコン巻き　38
チキンのクリーム煮　50
スパゲッティ　ナポリタン　112
スパゲッティ　カルボナーラ　113
きのこの和風スパゲッティ　115
トマトソースのマカロニグラタン　117

...... 魚介

■あさり
あさりのスパゲッティ　114

■いか
シーフードミックスフライ　61
シーフードマリネ　68

■いわし
　いわしのマリネ　67
■えび
　えびフライ　58
　シーフードクリームシチュー　62
　えびのカクテル　66
　シーフードマリネ　68
　えびドリア　102
　トマトソースのマカロニグラタン　117
■かき
　かきフライ　60
■かに
　かにクリームコロッケ　56
　かにサラダ　77
　かにピラフ　100
■鮭・スモークサーモン
　サーモンムニエル　54
　スモークサーモンのマリネ　66
■白身魚（たら、なめたかれいなど）
　白身魚のピカタ　55
　シーフードミックスフライ　61
■はまぐり
　はまぐりのブルゴーニュ風　65
■帆立て貝柱
　シーフードミックスフライ　61
　シーフードクリームシチュー　62
　帆立て貝のコキール　64
　シーフードマリネ　68
■ムール貝
　シーフードマリネ　68

…… 卵・うずら卵
　スコッチエッグ　16
　ミックスピクルス　69
　コンビネーションサラダ　76
　卵サラダ　78
　マカロニサラダ　78
　プレーンオムレツ　82

　ハムエッグ　83
　リッチなスクランブルエッグ　84
　スタッフドエッグ　85
　オムライス　96
　スパゲッティ　カルボナーラ　113
　マカロニグラタン　116
　ミックスサンド　122
　ふんわり卵サンド　123

…… きのこ
■エリンギ・生しいたけ・しめじ
　きのこのマリネ　69
　きのこの和風スパゲッティ　115
■マッシュルーム
　ビーフシチュー　32
　チキンのクリーム煮　50
　チキンのマデイラ煮込み　52
　きのこのマリネ　69
　特製ハヤシライス　94
　オムライス　96
　チキンライス　98
　えびドリア　102
　ビーフカレー　104
　スパゲッティ　ミートソース　108
　スパゲッティ　ナポリタン　112
　きのこの和風スパゲッティ　115
　マカロニグラタン　116

…… 野菜
■アスパラガス・ホワイトアスパラガス
　野菜のベニエ　74
　コンビネーションサラダ　76
　ホワイトアスパラサラダ　80
■貝割れ菜
　卵サラダ　78
■カリフラワー
　シーフードクリームシチュー　62
　ミックスピクルス　69

125

野菜のベニエ　74
■キャベツ
　ロールキャベツ　24
　コールスローサラダ　81
■きゅうり
　ミックスピクルス　69
　コンビネーションサラダ　76
　マカロニサラダ　78
　ハンバーグサンド　118
　ミックスサンド　122
■グリンピース
　特製ハヤシライス　94
　オムライス　96
　チキンライス　98
■クレソン
　ローストビーフサンド　121
■さやいんげん
　シーフードクリームシチュー　62
　さやいんげんのバターソテー　75
■サラダ菜
　ハンバーグサンド　118
■じゃがいも
　ポテトコロッケ　20
　ミートクロケット　22
　シーフードクリームシチュー　62
　帆立て貝のコキール　64
　ポテトグラタン　70
　ポテトガレット　71
　マッシュポテト　72
　ベイクドポテト　72
　ポテトフライ　73
　コンビネーションサラダ　76
　ポテトサラダ　79
　ポタージュボンファム　90
　ビシソワーズ　92
　ポークカレー　106
■しょうが
　ポークジンジャー　40

■ズッキーニ
　野菜のベニエ　74
■セロリ
　ミックスピクルス　69
　コンビネーションサラダ　76
　かにサラダ　77
　セロリのレモンサラダ　81
　ポタージュボンファム　90
■玉ねぎ・小玉ねぎ
　ビーフシチュー　32
　ボルシチ　36
　かにクリームコロッケ　56
　スモークサーモンマリネ　66
　ミックスピクルス　69
　オニオンリングフライ　73
　ポテトサラダ　79
　コールスローサラダ　81
　オニオングラタンスープ　86
　ポタージュボンファム　90
　特製ハヤシライス　94
　ビーフストロガノフ　101
　ドライカレー　103
　スパゲッティ　ナポリタン　112
■とうもろこし
　コーンポタージュ　88
■トマト
　コンビネーションサラダ　76
　かにサラダ　77
　トマトサラダ　80
■長ねぎ
　ビシソワーズ　92
　かにピラフ　100
■にんじん
　ボルシチ　36
　にんじんのグラッセ　75
　コールスローサラダ　81
　ポタージュボンファム　90
■パプリカ

ミックスピクルス　69
■ビーツ
　　ボルシチ　36
■ピーマン
　　インディアンピラフ　99
　　ドライカレー　103
　　スパゲッティ　ナポリタン　112
■ヤングコーン
　　ミックスピクルス　69
■ラディッシュ
　　ローストビーフサンド　121
■レタス
　　コンビネーションサラダ　76
　　かにサラダ　77

...... 米
　　特製ハヤシライス　94
　　オムライス　96
　　チキンライス　98
　　インディアンピラフ　99
　　かにピラフ　100
　　ビーフストロガノフ　101
　　えびドリア　102
　　ドライカレー　103
　　ビーフカレー　104
　　ポークカレー　106

...... パスタ
■スパゲッティ
　　スパゲッティ　ミートソース　108
　　ミートボールスパゲッティ　110
　　スパゲッティ　ナポリタン　112
　　スパゲッティ　カルボナーラ　113
　　あさりのスパゲッティ　114
　　きのこの和風スパゲッティ　115
■マカロニ
　　マカロニサラダ　78
　　マカロニグラタン　116

　　トマトソースのマカロニグラタン　117

...... パン
　　リッチなスクランブルエッグ　84
　　オニオングラタンスープ　86
　　ハンバーグサンド　118
　　ビーフカツサンド　120
　　ローストビーフサンド　121
　　ミックスサンド　122
　　ふんわり卵サンド　123

...... その他
　　懐かしいポタージュ　91
　　簡単コンソメスープ　93

坂田阿希子　SAKATA AKIKO

料理家。
フランス菓子店やフランス料理店での経験を重ね、独立。
現在、料理教室「studio SPOON」を主宰し、
国内外を問わず、常に新しいおいしさを模索。
プロの手法を取り入れた家庭料理の数々は、
どれも本格的な味わい。
著書に『そうだ！パスタにすればいいんだ！』（講談社）、
『絶品マリネ』（家の光協会）、
『サンドイッチ教本』、『スープ教本』、『サラダ教本』（すべて東京書籍）
など多数。

studio SPOON　http://www.studio-spoon.com/

ブックデザイン	茂木隆行
撮影	広瀬貴子
スタイリング	久保百合子
構成・編集	松原京子
編集協力	後藤厚子
DTP	川端俊弘（wood house design）
プリンティングディレクター	栗原哲朗（図書印刷）

洋食教本
ようしょくきょうほん

2014年4月25日　第1刷発行

著　者	坂田阿希子（さかた　あきこ）
発行者	川畑慈範
発行所	東京書籍株式会社
	東京都北区堀船 2-17-1　〒114-8524
	電話　03-5390-7531（営業）　03-5390-7508（編集）
印刷・製本	図書印刷株式会社

Copyright ⓒ 2014 by Akiko Sakata
All Rights Reserved.
Printed in Japan
ISBN978-4-487-80867-0 C2077
乱丁・落丁の際はお取り替えさせていただきます。
本書の内容を無断で転載することはかたくお断りいたします。